Zwei Pfannen

Great Adventure Cooking

Zwei Pfannen

Great Adventure Cooking

KOCHEN / REISEN / ABENTEUER

KNESEBECK

INHALT

ZWEI KAPUTTE PFANNEN 10

STURM IN DER NACHT 36

RAINBOW ROAD 64

/

EINE
LEBENSREISE

/

Nach mehr als 100 Kilometern Fahrt durch eine einsame, magische Berglandschaft erreichen wir unser Ziel für den Tag: ein kristallklarer kleiner See, eingerahmt von einer einzigartigen Bergkulisse. Die Abendsonne taucht die Gipfel in Goldgelb. Noch nie durften wir an so einem stillen, beruhigenden Ort rasten und kochen.

Die Vorfreude auf die Reise mit dem Allrad hat uns nicht betrogen: Auf unserer Reise durch Neuseeland sind wir dank des Land Rovers in all die entlegenen Ecken gekommen, die wir uns vorgenommen haben. Fast zumindest, manchmal hat uns das Wetter einfach besiegt … unsere Tour sollte sowohl Abenteuer als auch Kocherlebnis werden. Tief berührt von der Natur, die so selten einen Menschen eindringen sieht, konnten wir vier (Yves, Iwan, Daniela und Pascale) einige Wochen lang frei sein und arbeiten, aufbrechen und ankommen.

EINE LANGE GESCHICHTE
Wir Schweizer Jungs kennen uns eigentlich schon seit der Kindheit, aus Schule und Fußballmannschaft. Vor über acht Jahren brachen wir unabhängig voneinander zu unserer ersten Reise nach Australien auf und trafen uns dort mit Florian, Yves' Cousin. Danach betrieben wir einige Zeit ein kleines Restaurant zusammen mit ihm. In dieser Zeit hatte Yves mit bösartigen Tumoren zu kämpfen – ein weiterer Grund dafür, die Momente des Lebens voll auszukosten.

Auf dem kleinen Gaskocher brodelt unser Eintopf. Pascale und Daniela versuchen krampfhaft, dem Wind das Setting fürs Foto abzutrotzen – wie viele Tassen und Bestecke uns schon weggekugelt sind, wollen wir gar nicht zählen. So offen, herzlich und hilfsbereit die Menschen hier auch sein mögen, Neuseeland hat (besonders im Süden) auch harsche Seiten. Doch die Abendsonne taucht bald alles in ein Licht, das wir besonders auf den analogen Aufnahmen nie vergessen werden.

KRAFT DANK ERNÄHRUNG
Vor dem Abflug nach Australien, wo wir unser erstes Kochbuch schrieben, hat Iwan sein letztes Stück Fleisch gegessen, Yves stellte seine Ernährung im Laufe seiner Krebserkrankung um. Wir beide ernähren uns heute fast komplett pflanzenbasiert. Das sehen wir nicht dogmatisch (das bringt nur schlechtes Karma) oder politisch (obwohl

Welternährung und Umweltschutz natürlich wichtig sind). Wir beide versuchen einfach das zu uns zu nehmen, was uns guttut. So haben wir seit unseren Lehren als Köche eigentlich immer mehr dazugelernt: Wenn der Bauch mit dir übereinstimmt, kann nichts wirklich schiefgehen. Und so haben wir uns auch entschlossen, unsere beiden Freundinnen auf diese Reise mitzunehmen. Klar, laute Worte gab es da schon mal, wenn es mal wieder regnete und niemand mehr die Kraft hatte, das Geschirr abzuwaschen. Doch alles in allem: Freunde können auch Spiegel sein. Und was wäre das Leben schon ohne (Selbst-)Erkenntnis?

OHNE DIE GEHT GAR NICHTS

Was muss man also unbedingt an Lebensmitteln in die Einsamkeit mitnehmen, fragt ihr uns? Knoblauch und Zwiebeln, das sind unsere unbestrittenen Lieblinge. Ihr werdet aber auch Gerichte ohne die beiden finden, dafür welche mit Kombinationen, an die man sich erst herantasten muss – auch Kochen kann ein Abenteuer sein! Geht mit offenen Augen, Herzen und Gaumen durch die Welt. Seid fasziniert von der Schönheit der Welt, des Momentes, der Natur. Das lohnt sich am Herd und im Leben, versprochen!

UNTEN / *Am liebsten waren wir draußen in der Natur. Mit dem Land Rover fanden wir immer ruhige Plätzchen zum Kochen, Fotografieren oder einfach nur zum Relaxen.*

DAS ZWEI-PFANNEN-PRINZIP

Zwei Pfannen, ein Messer (aber bitte eines, das etwas kann!), eine Tasse oder ein Messbecher, ein Ess- und Teelöffel sowie ein Schneidebrett – mehr brauchst du für die Rezepte in unserem Kochbuch nicht. Die Pfannen sollten eher etwas größer sein, idealerweise ist eine Wokpfanne dabei. Wir empfehlen qualitativ hochwertige Pfannen, die garantiert kein Feuer fangen … (siehe Seite 13)!

Auf unserer Reise haben wir mit einem Gaskocher gearbeitet; beim Nachkochen zu Hause solltest du am besten immer den Pfanneninhalt im Auge haben und dich eher an dein Gefühl als an unsere Zeitangaben halten. Und: Keine Angst vor hohen Temperaturen, Hauptsache, du schwenkst kräftig!

Wenn man unterwegs ist und nicht gleich einen Luxuscamper zur Verfügung hat, verzichtet man gern auf unnötiges Equipment. Deshalb kochen wir meist mit Hilfe von Tassen als Messbechern. Mit ein wenig Übung wird das Abmessen so ganz einfach. Für das Nachkochen zu Hause haben wir diese Angaben im Buch weggelassen; doch grob kann man sagen, dass zwei Portionen Linsen oder Reis mit etwa 1 Tasse (180–200 g) zubereitet werden.

DIE REZEPTE

Auch wenn sich das von Kochbuchautoren seltsam anhört: Wir hängen wirklich nicht an unseren Rezepten. Wir wollen dich viel lieber dazu inspirieren, Zutaten abzuändern, wegzulassen und/oder neue hinzuzufügen. Uns ging es nie darum, Rezepte zu erschaffen, die genau so, bis auf den letzten Salzkrümel, nachgekocht werden müssen. Vielmehr sind wir fasziniert davon, Neues zu wagen, und wollen dich auf diese Reise mitnehmen. Am besten noch ein wenig von deiner Kreativität einstreuen, und schon werden unsere Rezepte zu deinen eigenen.

In unserer Küche kombinieren wir oft Zutaten, die auf den ersten Blick nicht zusammenpassen: Kürbis mit getrockneten Feigen, Mango kombiniert mit Zwiebeln (und zwar im Verhältnis 1:3) oder Bulgur mit Kiwi und Aprikosen. Unsere Einstellung: Wage den Sprung über den eigenen Schatten! Schau über den Tellerrand hinaus. Zeige Mut zur Lücke, packe all deine Kreativität, mit ein und schon kann es losgehen. Wir garantieren dir umwerfende Kocherlebnisse.

VOR- UND ZUBEREITUNG DER REZEPTE

Folgende Arbeitsschritte setzen wir voraus und erwähnen
sie nicht bei jedem Rezept:
> Gemüse, Kräuter und Obst gründlich waschen
> Pilze mit einer Bürste oder von Hand putzen
(kein Wasser verwenden)
> Getreide und Hülsenfrüchte in einem Sieb vor der
Zubereitung mit lauwarmem Wasser abspülen
> Wenn es mal schneller gehen muss, kann man die Hülsenfrüchte
auch gekocht aus der Dose verwenden.

TIPPS

Mit Schälabfällen vom Gemüse und Kräutern kann man eine wunder-
bare Gemüsebrühe herstellen. Einfach die Abfälle gründlich waschen
und in einen Topf geben. Gewürze wie Lorbeerblätter, Wacholderbeeren, Pfeffer- und Senfkörner, Kümmel sowie nur wenig Salz dazugeben. Die Brühe sollte eher nach Gemüse schmecken, salzen kann
man hinterher immer noch genug. Das Ganze mit Wasser aufgießen
und 45–60 Minuten sanft köcheln lassen. Durch ein Sieb passieren,
fertig ist die Gemüsebrühe. Sie lässt sich auch wunderbar einfrieren …

Unser Gemüse ist von Bioqualität und sollte so lokal wie möglich
angebaut werden. Die kurzen Transportwege garantieren nicht nur
Umweltschutz, sondern auch mehr Frische und Geschmack. Unsere
Chilischoten sind meist mittelscharf.

Zum Braten und Dünsten verwenden wir nur Kokosöl, am besten
natives. Es ist sehr hoch erhitzbar, besitzt dennoch viele natürlich
Inhaltsstoffe. Wir mögen die leichte Kokosnote gern, es ist aber auch
geschmacksneutral erhältlich. Man kann aber auch andere erhitzbare
Pflanzenöle verwenden.

ÜBRIGENS

… sind alle unsere Rezepte für 2 Personen berechnet.

ZWEI KAPUTTE PFANNEN

Es ist alles so eckig«, meint Iwan, als er zum ersten Mal in den Geländewagen steigt. Und tatsächlich, selbst die Windschutzscheibe des Land Rovers ist fast im rechten Winkel hinter dem Steuerrad angebracht. Für unsere Reisezeit in Neuseeland haben wir einen Defender gemietet, ein Auto ohne Luxus, Eleganz oder Komfort, dafür mit viel Bodenfreiheit und zwei Dachzelten. Wir fahren direkt los. Erst mal geht es noch quer durch Auckland, um die letzten Utensilien zu besorgen. Für die Reise fehlen uns noch die getrockneten Grundnahrungsmittel, ein Klapptisch, ein guter Gaskocher und unsere zwei Campingpfannen, ohne die bei uns gar nichts geht.

Am nächsten Morgen geht es dann endlich los Richtung Süden. Nach einer Abkühlung im wunderbaren Lake Taupo wollen wir in einem nahe gelegenen Wald campieren. Wir parken auf einer Lichtung und schlagen die Zelte auf. Oder versuchen es zumindest. Im Erklärungsvideo sah alles so einfach aus … Nun scheinen die Bedingungen anders zu sein, an uns liegt es natürlich nicht! Auf der einen Seite biegen sich die Zeltstangen unter Zug, gegenüber flattert der Stoff kraftlos im Wind. Plötzlich fällt Iwan samt Leiter vom Zelt auf den Waldboden. Der ist zum Glück gut gepolstert. Der Waldboden natürlich.

Heute probieren wir unsere ersten Rezepte aus. Yves montiert den Gasherd und legt gleich los. Langsam steigt ein seltsamer Duft auf. Der passt gar nicht mitten in diesen idyllischen Wald, abgeschieden von jeglicher Zivilisation. Es riecht verbrannt! »Das fängt ja gut an, Yves!« Yves schaut kritisch in die beiden Pfannen: »Sieht alles bestens aus.« Er hebt eine Pfanne hoch, das Metall glüht regelrecht. Yves verdreht die Augen: »Ja perfekt, unsere neuen Campingpfannen fangen Feuer!«

OBEN / *Dank einer App konnten wir oft gratis campen und
auch noch völlig legal.
Voraussetzung dafür war eine
Toilette in der Nähe.*

OBEN & UNTEN / *»Wie ist eure Matratze so?«, fragte Pascale mit einem leichten Schmunzeln, als wir alle zur selben Zeit erstmals in die Zelte krochen. »Könnte weicher sein«, meinte Iwan und lachte.*

BLUMENKOHL-PASTINAKEN-STAMPF AUF ERBSEN-KERNE-KRÄUTERTOPF

250–300 g Blumenkohl
2 mittelgroße Pastinaken
Meersalz
1 kleine frische rote Chilischote
(Peperoncino)
50–100 ml Kokosmilch
3–4 TL milde Wasabipaste
frisch gemahlener
schwarzer Pfeffer
frisch geriebene Muskatnuss

FÜR DEN KRÄUTERTOPF
1 kleine Schalotte, geschält
1 frischer Maiskolben (oder
200 g Mais aus der Dose)
4 Stängel frischer Thymian,
plus mehr zum Garnieren
4 Stängel frische glatte
Petersilie
4 Stängel frisches Basilikum
5–7 frische Salbeiblätter,
plus mehr zum Garnieren
1 TL Kreuzkümmelsamen
2 Handvoll Kerne nach Wahl
(Cashew-, Walnuss-,
Erdnuss-, Kürbiskerne)
1 EL Kokosöl
200 g grüne Erbsen
(TK-Ware oder frisch)
Meersalz
frisch gemahlener
schwarzer Pfeffer
frisch geriebene Muskatnuss

Die Blumenkohlröschen vom Strunk abbrechen und in kleine Stücke schneiden. Die Pastinaken schälen, ebenfalls in kleine Stücke schneiden und gemeinsam mit dem Blumenkohl in gesalzenem Wasser aufkochen. Alles köcheln lassen, bis der Blumenkohl und die Pastinaken weich ist.

Inzwischen für den Kräutertopf die Schalotte halbieren und in feine Würfel schneiden. Den Maiskolben schälen, halbieren und die Körner mit einem Messer herunterschneiden. Die Thymian-, Petersilien- und Basilikumblätter abzupfen und gemeinsam mit den Salbeiblättern fein hacken.

Die Zwiebelwürfel, die Kreuzkümmelsamen und die Kerne in heißem Kokosöl dünsten, dabei leicht bräunen. Nach einigen Minuten die Erbsen und die Maiskörner hinzugeben, einige weitere Minuten dünsten. Zum Schluss die Kräuter dazugeben und alles 2–3 Minuten bei mittlerer Temperatur schwenken. Mit Salz, Pfeffer und Muskatnuss abschmecken.

Vom weich gegarten Gemüse das Wasser abgießen und das Gemüse mit einer Gabel oder einem Stampfer grob zerstampfen. Die Chilischote halbieren, von Samen befreien, längs in feine Streifen und anschließend in kleine Würfel schneiden. Chiliwürfel, Kokosmilch sowie die Wasabipaste zum Stampf geben, alles gründlich vermischen und mit Salz, Pfeffer und Muskatnuss abschmecken. Nur so viel Kokosmilch dazugeben, dass der Stampf nicht zu flüssig wird. Nochmals kurz erhitzen und den Stampf auf dem Erbsen-Kerne-Kräutertopf servieren. Mit Salbei- und Thymianblättern garnieren.

FLEXIBLE ZUTATEN
Pastinaken › Kartoffeln, rote oder gelbe Karotten,
Petersilienwurzeln sowie Süßkartoffeln
Wasabi › weglassen oder Meerrettich
grüne Erbsen › gekochte Belugalinsen

FRUCHTIGER ZUCCHINI-QUINOA-SALAT MIT GERÖSTETEN KERNEN

200 g Quinoa
Meersalz
1 TL Fenchelsamen,
leicht zerdrückt
2 Zweige frischer Rosmarin
1 mittelgroße Zucchini
1 kleine rote Zwiebel, geschält
1 rote Paprikaschote
8 Kirschtomaten
4 Stängel frisches Basilikum,
plus einige Blätter
zum Garnieren
5 Erdbeeren, plus 1 Erdbeere,
halbiert mit Grün
zum Garnieren
1 Handvoll Pinienkerne
1 Handvoll Cashewkerne
1 Handvoll Heidelbeeren

FÜR DAS DRESSING
Saft von 1 Zitrone
Saft von 2 Orangen
6 EL Oliven- oder Rapsöl
Meersalz
frisch gemahlener
schwarzer Pfeffer

Die Quinoa mit etwas Salz, den Fenchelsamen und den Rosmarinzweigen mit Wasser (siehe Packungsangabe) bedeckt aufkochen lassen. Dann 20–25 Minuten köcheln lassen, bis die Quinoa aufgequollen ist.

Inzwischen die Zucchini fein hobeln. Die Zwiebel halbieren und in feine Streifen schneiden. Die Paprikaschote halbieren, von Samen und Trennwänden befreien und in feine Streifen schneiden. Die Tomaten halbieren. Das Basilikum waschen, trocken tupfen und die Blätter grob hacken. Die 5 Erdbeeren entkelchen und vierteln. Gemüse und Erdbeeren vorsichtig vermischen.

Die Pinien- und Cashewkerne bei mittlerer Temperatur ohne Fettzugabe goldbraun rösten und auf Küchenpapier auskühlen lassen. (Die Kerne können auch ungeröstet verwendet werden.)

Für das Dressing die Zitrussäfte mit dem Olivenöl verquirlen und über den Salat geben, mit Salz und Pfeffer abschmecken. Alles gut vermischen und einige Minuten ziehen lassen. Die Quinoa abgießen und ausdampfen lassen, dann lauwarm zum Salat geben. Eventuell erneut mit Salz und Pfeffer abschmecken. Die Heidelbeeren vorsichtig untermischen, mit den gerösteten Kernen sowie jeweils 1 halbierten Erdbeere und ganzen Basilikumblättern garniert servieren.

FLEXIBLE ZUTATEN
Quinoa > Buchweizen, Vollkornreis oder Belugalinsen,
jeweils nach Packungsangabe garen
Beeren > nach Belieben
Zucchini > Karotten, Rot- oder Weißkohl, dabei Kohl
2–3 Stunden zuvor grob raspeln, mit Salz in Zitronen-
oder Orangensaft und 1 EL Olivenöl
marinieren

FLUFFIGES FLADENBROT
MIT TOFU, TOMATEN,
OLIVEN UND KOKOSDIP

400 g Mehl, Type 550
½ TL Kokosblütenzucker oder
(nicht vegan) Honig
½ TL Meersalz
1 Pck. Trockenhefe (alternativ
20 g frische Hefe)
250 ml Wasser
3 EL Oliven- oder Kokosöl,
plus mehr zum Einölen
und Ausbraten

FÜR DEN KOKOSDIP

150 g Salatgurke
300 g Kokosjoghurt (oder
Sojajoghurt)
1 Handvoll Minzeblätter
2 EL Tahini (Sesampaste)
Meersalz
frisch gemahlener
schwarzer Pfeffer

FÜR DIE FÜLLUNG

2 Schalotten, geschält
1 (200 g) kleine Zucchini
2 Knoblauchzehen, geschält
3 Tomaten
1 gelbe oder grüne
Paprikaschote
10–15 schwarze Oliven,
entsteint
1 frische rote Chilischote
4 Stängel frischer Oregano,
plus einige Blätter
zum Garnieren
250–350 g Tofu

Mehl, Kokosblütenzucker, Salz, Hefe, Wasser und Öl vermengen. Alles kneten, bis der Teig nicht mehr an den Fingern klebt. Eventuell noch etwas Wasser oder Mehl hinzufügen.

Etwas Olivenöl auf einen Teller geben. Nun den Teig zu 4 kleinen Kugeln formen und in dem Öl wenden, die Teiglinge rundherum einölen. Mit Frischhaltefolie abdecken und 30 Minuten gehen lassen. Der Teig sollte in dieser Zeit sein Volumen verdoppeln.

Für den Kokosdip die Salatgurke fein reiben, leicht salzen und 5 Minuten Wasser ziehen lassen. Dann die Flüssigkeit mit der Hand auspressen. Die Gurke zum Kokosjoghurt geben. Die Minzeblätter fein hacken und gemeinsam mit der Tahini zum Joghurt geben. Mit Salz und Pfeffer abschmecken und alles gut vermischen. Im Kühlschrank beiseitestellen.

Für die Füllung die Schalotten halbieren und in dünne Scheiben schneiden. Die Zucchini der Länge nach vierteln. Die einzelnen Zucchinistreifen in dünne Scheiben schneiden. Den Knoblauch in dünne Scheiben schneiden. Die Tomaten halbieren, vom Stielansatz befreien und in grobe Würfel schneiden. Die Paprikaschote vierteln, von Samen befreien und in feine Streifen schneiden. Die Oliven grob hacken. Die rote Chilischote halbieren, von Samen befreien und in dünne Streifen schneiden. Die Oreganoblätter abzupfen und grob hacken. Den Tofu in kleine Stücke brechen und in heißem Kokosöl goldbraun anbraten. Dann aus der Pfanne nehmen und beiseitestellen.

In derselben Pfanne die Schalottenwürfel mit etwas Kokosöl, dem Knoblauch und den Kreuzkümmelsamen andünsten, dabei leicht bräunen. Zucchini, Paprika-, Chilischote und die Oliven 4–5 Minuten mitdünsten. Das Tomatenmark hinzugeben und alles 2–3 Minuten bei hoher Temperatur rösten. Die Tomatenwürfel, das Paprikapulver sowie Salz und Pfeffer hinzufügen. Die Temperatur herunterregeln und das Ganze weitere 6–8 Minuten dünsten. Den gebratenen Tofu und den Oregano hinzufügen. Alles gut vermischen und nochmals abschmecken. Warm beiseitestellen.

In einer Bratpfanne etwas Kokosöl erhitzen. Den Backofen auf 40 °C (Ober-/Unterhitze) vorheizen. Eine Teigkugel mit der Hand vorsichtig etwas flach drücken und auf allen Seiten so auseinanderziehen, dass der Teig noch etwa 5 mm dünn ist. Diesen Fladen nun in

1–2 EL Kokosöl
1 EL Kreuzkümmelsamen
3–4 EL Tomatenmark
2–3 TL Paprikapulver edelsüß
Meersalz
grob gemahlener
schwarzer Pfeffer

einer Pfanne bei geringer Temperatur mit aufgelegtem Deckel von beiden Seiten goldbraun ausbacken. Die restlichen Teigkugeln ebenso verarbeiten, dabei die fertigen Brote auf einem Teller im Ofen warmhalten.

Das Fladenbrot aus dem Ofen nehmen und mit dem Gemüse füllen, dazu oder darauf den Kokosdip servieren. Mit frischen Oreganoblättern garnieren.

FLEXIBLE ZUTATEN
Kokosjoghurt › Soja- oder (nicht vegan) Kuhmilchjoghurt
Tahini › Nusscreme oder Mandelmus
Tofu › Tempeh, Sojageschnetzeltes, Seitan
Oregano › Majoran oder Bohnenkraut

RECHTE & LINKE SEITE /
Wir konnten nicht aufhören zu lachen, als dieser liebevolle ältere Mann zu uns kam und uns einen US-Song aus den 1970er-Jahren vorsang und dazu seine Hüfte schwang. Da geht's doch gleich flotter voran beim Schnippeln.

ORIENTALISCHES ERBSENPÜREE
MIT SESAM-CHILI-TOFU

200 g getrocknete
grüne Erbsen
4 Stängel frischer Koriander,
plus einige Blätter
zum Garnieren
1 kleine frische rote Chilischote
½ TL Koriandersamen,
zerdrückt
1–2 TL Ras el-Hanout
(Gewürzmischung)
1 Handvoll grüne Erbsen
(TK-Ware oder frisch
abgekocht)
Meersalz
frisch gemahlener
schwarzer Pfeffer
frisch geriebene Muskatnuss
1 EL Kokosöl

FÜR DEN TOFU
1 EL Senf
5 EL Sojasauce
1 EL Agavendicksaft oder
(nicht vegan) Honig
3 EL Sesamöl
Saft von 1 Orange
Saft von 1 Limette
300 g Tofu
2–3 EL Sesamsamen
1–2 EL Kokosöl

ZUM GARNIEREN
einige Korianderblätter

Die getrockneten Erbsen 3–6 Stunden in kaltem Wasser einweichen.

Dann die Erbsen abgießen, gründlich abspülen. Die eingeweichten Erbsen mit kaltem Wasser aufgießen und in etwa 45 Minuten weich kochen.

Inzwischen für den Tofu den Senf, die Sojasauce, den Agavendicksaft, das Sesamöl und die Zitrussäfte verquirlen. Den Tofu in 1,5 cm breite Dreiecke schneiden. Mit einem Zahnstocher oder einer Gabel einige Löcher in den Tofu stechen, damit die Marinade tiefer eindringen kann. Den Tofu mit der Marinade bedecken und mindestens 30 Minuten (am besten mehrere Stunden) ziehen lassen.

Den Koriander samt Stiel fein hacken. Die Chilischote schräg in dünne Streifen schneiden.

Von den weich gekochten Erbsen das Wasser abgießen und die Erbsen zurück in den Topf geben. Mit einer Gabel oder einem Stampfer zu einem groben Püree zerdrücken. Die zerdrückten Koriandersamen, das Ras el-Hanout, den gehackten Koriander und die frischen Erbsen gründlich vermischen. Das Püree mit Salz und Pfeffer sowie etwas Muskatnuss abschmecken. Beiseitestellen und warmhalten.

Die Tofudreiecke aus der Marinade heben, die Marinade beiseitestellen. Den Tofu in 1–2 EL heißem Kokosöl von beiden Seiten goldbraun anbraten. Dann herausnehmen, in derselben Pfanne die Sesamsamen und die Chilistreifen 1–2 Minuten anbraten. Achtgeben, dass nichts anbrennt. Mit der Tofumarinade ablöschen, ganz wenig Wasser dazugeben und alles kurz einkochen lassen. Den Tofu in der Sauce kurz wenden. Dann noch 1 EL Kokosöl zum warmen Püree geben, erneut umrühren.

Das Erbsenpüree auf Teller in mehreren Häufchen setzen, die Tofudreiecke darauf anrichten und alles mit der Sesam-Chili-Sauce beträufeln. Mit Korianderblättern garniert servieren.

FLEXIBLE ZUTATEN
Tofu > Tempeh
getrocknete Erbsen > rote oder gelbe Linsen,
Stampf aus Kürbis oder Kartoffeln

AUBERGINEN KANTO-NESISCHE ART MIT LAUWARMEM GLASNUDELSALAT

1 große Aubergine (oder 2 kleine)
1 rote Zwiebel, geschält
2 Knoblauchzehen, geschält
1 Stück (2 cm) frischer
Ingwer, geschält
1 EL Kokosöl
100 ml Sojasauce
100 ml Tamari- oder Sojasauce
100 ml Reisessig
Saft von 2 Limetten
1 EL Hoisinsauce
2 EL Kokosblütenzucker
2 Lorbeerblätter
2 TL Maisstärke

FÜR DEN GLASNUDELSALAT
200 g dicke Glas- oder
Reisnudeln
Meersalz
2 Karotten
100 g geschälte Melone
(Charentais)
5 Stängel frischer Koriander,
einige Blätter zum Garnieren
3–4 EL Reisessig
5–6 EL Sesamöl
1–2 EL Sojasauce
2–3 EL Sesamsamen, plus
etwas mehr zum Garnieren
2 EL Sonnenblumenkerne, plus
etwas mehr zum Garnieren
1 TL Agavendicksaft
frisch gemahlener
schwarzer Pfeffer

Die Aubergine in grobe Würfel schneiden. Die rote Zwiebel in feine Würfel schneiden. Den Knoblauch halbieren und in feine Streifen schneiden. Den Ingwer in möglichst feine Würfel schneiden. Die Zwiebeln, den Knoblauch und den Ingwer in heißem Kokosöl andünsten, leicht bräunen. Mit Soja- und/oder Tamarisauce, Reisessig und Limettensaft ablöschen. Das Ganze 2–3 Minuten einkochen lassen. Etwa 350 ml Wasser, Hoisinsauce, Kokosblütenzucker und Lorbeerblätter hinzugeben. Die Auberginenwürfel darin zugedeckt 15–20 Minuten köcheln lassen, bis sie schön weich sind. Die Maisstärke in etwas Wasser anrühren und zum Schluss die Sauce damit leicht abbinden. (eventuell weniger Maisstärke anrühren). Warm beiseitestellen. Wenn nötig nochmals abschmecken.

Inzwischen für den Salat die dicken Glas- oder Reisnudeln in gesalzenem Wasser 8–10 Minuten garen (siehe Packungsangabe). Die Karotten schälen und grob raspeln oder mit einem Sparschäler abziehen. Das Melonenfruchtfleisch in 2 cm lange, dünne Streifen schneiden und zu den Karotten geben. Den Koriander samt Stiel grob hacken und hinzufügen. Reisessig, Sesamöl, Sojasauce, Sesamsamen, Sonnenblumenkerne und den Agavendicksaft zu einem Dressing verrühren, zum Salat geben. Alles gut vermischen. Die gegarten Nudeln abgießen, kurz ausdampfen lassen und zum Salat geben. Alles nochmals vermischen und mit Salz und Pfeffer abschmecken.

Den Glasnudelsalat mit frischen Korianderblättern und Sonnenblumenkernen bestreuen, zu den Auberginenwürfeln reichen.

Diese mit Sesamsamen bestreut servieren.

FLEXIBLE ZUTATEN
Melone › andere Melonensorten,
Mango, Ananas, Apfel, Birne

MUNGBOHNEN-SÜSSKARTOFFEL-SALAT MIT APRIKOSEN, STANGENSELLERIE UND LIMETTE

150 g Mungbohnen
Meersalz
250 g Süßkartoffeln
4 Aprikosen
150 g Stangensellerie
4 Stängel frische Minze
3 Stängel frischer Koriander,
plus einige Blätter
zum Garnieren
1 Orange
1 EL Kokosöl
1 Handvoll Kernmix nach Wahl
(Walnuss-, Cashewkerne,
Mandeln), plus etwas mehr
zum Garnieren
½ Handvoll gesalzene
Erdnusskerne
frisch gemahlener schwarzer,
weißer und Szechuan-Pfeffer
frisch geriebene Muskatnuss

FÜR DAS DRESSING
Saft von 1–1½ Limetten
50–100 g Soja- oder
Kokosjoghurt
1 EL Tamari- oder Sojasauce
1 EL Agavendicksaft
¼ TL Zimtpulver
1 EL Tahini (Sesampaste)
1 EL Erdnussbutter
3 EL Olivenöl
1 TL Sambal Oelek
Meersalz

Die Mungbohnen 3–4 Stunden in reichlich Wasser einweichen. Danach abgießen, nochmals abspülen und in sehr leicht gesalzenem Wasser zum Sieden bringen. So lange köcheln lassen, bis die Mungbohnen gar sind.

Inzwischen die Süßkartoffeln schälen, der Länge nach vierteln oder sechsteln und in dünne Scheiben schneiden. Die Aprikosen entsteinen und in Schnitze schneiden. Den Stangensellerie putzen und in feine Streifen schneiden. Die Minzeblätter abzupfen und gemeinsam mit dem frischen Koriander samt Stiel fein hacken. Die Orange schälen und das Fruchtfleisch in kleine Würfel schneiden.

Für das Dressing Limettensaft von 1 Limette mit Sojajoghurt, Tamari- oder Sojasauce, Agavendicksaft, Zimtpulver, Tahini, Erdnussbutter, Olivenöl sowie Sambal Oelek mit einem Rührbesen oder einer Gabel zu einem Dressing rühren. Mit etwas Meersalz abschmecken.

Die Süßkartoffelstücke in heißem Kokosöl bei geschlossenem Deckel braten, dabei leicht bräunen. Inzwischen den Kernmix grob hacken, etwas für die Garnitur beiseitestellen. Zum Schluss die gesalzenen Erdnüsse dazugeben und nochmals kurz schwenken. Mit Meersalz, schwarzem Pfeffer und etwas Muskatnuss abschmecken. Die Süßkartoffeln auf einem Teller leicht auskühlen lassen.

Die fertig gegarten Mungbohnen abgießen und ausdampfen lassen.

Die abgekühlten Komponenten mit den restlichen Zutaten und dem Kernmix sowie mit der Salatsauce sorgfältig vermischen. Nach Belieben den Saft der ½ Limette und etwas mehr Olivenöl dazugeben. Nochmals abschmecken. Einen Mix aus Pfeffersorten (weiß, schwarz und Szechuan) grob zerstoßen und gemeinsam mit dem restlichen Kernmix über das Gericht streuen, in tiefen Tellern anrichten und nach Belieben mit Korianderblättern garniert servieren.

FLEXIBLE ZUTATEN
Mungbohnen › andere Hülsenfrüchte jeweils nach Packungsangabe garen. Getrocknete Kichererbsen und Kidneybohnen zuvor mindestens 8 Stunden in Wasser einlegen.
Süßkartoffeln › Topinambur oder Artischockenherzen
Aprikosen › Nektarinen, Pflaumen, Kirschen oder Pfirsiche

SCHARF GEBRATENER REIS MIT EINGELEGTEN BRATZWIEBELN

FÜR DIE EINGELEGTEN ZWIEBELN

3 rote Zwiebeln, geschält
5 Stängel frischer Majoran
5 EL trüber Apfelessig
1 EL Agavendicksaft oder
(nicht vegan) Honig
1 EL grobkörniger Senf
30 g Kapern
4 EL Sonnenblumenöl
Meersalz
frisch gemahlener
schwarzer Pfeffer
½ EL Maisstärke
1–2 EL Kokosöl

FÜR DEN REIS

250 g Vollkornreis
Meersalz
3 Knoblauchzehen, geschält
10 Kirschtomaten
1 kleine Zucchini
4 Stängel frischer Oregano,
plus etwas mehr
zum Garnieren
4 Stängel frischer Thymian,
plus etwas mehr
zum Garnieren
2 EL Tomatenmark
frisch gemahlener
schwarzer Pfeffer
Cayennepfeffer
Chilipulver

AM VORABEND

Die Zwiebeln sechsteln. Die Majoranblätter abzupfen und grob hacken, dann mit Zwiebeln, Apfelessig, Agavendicksaft, Senf, gehacktem Majoran, Kapern und Sonnenblumenöl in einer Schüssel mit Salz und Pfeffer abschmecken. Alles gut vermischen und zugedeckt im Kühlschrank 12 Stunden marinieren.

AM ZUBEREITUNGSTAG

Den Reis in 400–500 ml leicht gesalzenem Wasser zum Kochen bringen. Bei geschlossenem Deckel köcheln lassen, bis der Reis gar ist und das Wasser vollkommen aufgesogen ist.

Die Knoblauchzehen halbieren und mit der flachen Messerklinge zerdrücken. Die Kirschtomaten halbieren. Die Zucchini der Länge nach vierteln und schräg in Scheiben schneiden. Oregano- und Thymianblätter abzupfen, beides grob hacken.

Den fertig gegarten Reis gegebenenfalls abgießen und kurz ausdampfen lassen. Nun die eingelegten Zwiebeln und Kapern abgießen, den Saft auffangen und beiseitestellen. Die Zwiebeln leicht mit Maisstärke bestäuben.

Die bestäubten Zwiebeln bei mittlerer Temperatur langsam in 1–2 EL Kokosöl goldbraun braten, dabei leicht bräunen. Für die Garnitur zwei Drittel der Zwiebeln beiseitelegen. Den zerdrückten Knoblauch sowie die Zucchini in die Bratpfanne zu den restlichen Zwiebeln geben und alles 4–5 Minuten, bei mittlerer Temperatur, braten, dabei leicht bräunen. Die Kirschtomaten dazugeben und bei höherer Temperatur 2–3 Minuten mitschwenken. Das Tomatenmark dazugeben und 1–2 Minuten leicht rösten. Nun mit der Marinade der Zwiebeln ablöschen und kurz einkochen lassen. Den Reis sowie die gehackten Kräuter dazugeben und weitere 2–3 Minuten bei hoher Temperatur mitbraten. Alles mit Salz, Pfeffer, Cayennepfeffer und wenig Chilipulver abschmecken.

Den Reis auf Tellern anrichten. Die beiseitegelegten Zwiebelstücke darauflegen. Mit Thymian- und Oreganostängeln sowie mit den Kapern bestreut servieren.

*LINKE SEITE / Mit ein
bisschen Übung stellt man so
ein Dachzelt innerhalb
weniger Minuten auf. Stabil
genug. Wir wurden bald zum
eingespielten Team.*

BOHNEN-BETE-EINTOPF MIT SÜSSSAUREN PASTINAKENSTICKS

250 g getrocknete
Weiße Bohnen
1 Zwiebel, geschält
2 Knoblauchzehen, geschält
200 g Rote Bete
1 EL Kokosöl
4 Pimentkörner
2 Lorbeerblätter
2 Nelken
1 Zimtstange
2 Sternanis
½ TL Fenchelsamen
1–2 EL Dinkelmehl
300 ml Rote-Bete-Saft
700–800 ml Gemüsebrühe
2 TL getrockneter Thymian
Meersalz
200 ml Reisdrink
Maisstärke, nach Belieben

FÜR DIE PASTINAKENSTICKS
4 Pastinaken
4–6 Stängel Zitronenthymian
oder Thymian
1 EL Kokosöl
Saft von 1 Zitrone
Meersalz
frisch gemahlener
schwarzer Pfeffer

Die Bohnen mindestens 12 Stunden oder über Nacht in kaltem Wasser einweichen. Vor der weiteren Verwendung abgießen und gut abspülen.

Die Zwiebel halbieren und ebenso wie den Knoblauch in feine Würfel schneiden. Die Rote Bete schälen und in 5 mm kleine Würfel schneiden. Zwiebel, Knoblauch und Rote Bete in heißem Kokosöl dünsten. Dann Pimentkörner, Lorbeerblätter, Nelken, Zimtstange, Sternanis sowie die Fenchelsamen hinzugeben und 1–2 Minuten mitdünsten. Die eingeweichten Bohnen ebenfalls kurz mitdünsten.

Dann den Pfanneninhalt mit dem Dinkelmehl bestäuben, klümpchenfrei einrühren. Mit dem Rote-Bete-Saft aufgießen, gut umrühren und alles 3–4 Minuten köcheln lassen. Die Gemüsebrühe angießen und alles abgedeckt 60–75 Minuten köcheln lassen, bis die Bohnen weich sind. Nach 45 Minuten den getrockneten Thymian hinzufügen. Erst zum Schluss mit Salz abschmecken.

Inzwischen für die Pastinakensticks die Wurzeln schälen, vom Strunk befreien und in 5–6 cm lange Sticks schneiden. Die Zitronenthymianblätter abzupfen.

Die Pastinakensticks in heißem Kokosöl sanft rundherum goldbraun ausbacken. Je länger man sie brät, desto süßer werden sie, natürlich vorausgesetzt, dass sie nicht anbrennen. Nach Belieben die Sticks vorher blanchieren, so dass die Bratzeit verringert wird. Kurz bevor die Pastinaken gar sind, die Zitronenthymianblätter dazugeben, mit etwas Meersalz und grob geschrotetem Pfeffer bestreuen. Zum Schluss den Zitronensaft zu den heißen Pastinaken in die Pfanne geben und alles schwenken, bis der Zitronensaft fast ganz verkocht ist.

Den Reisdrink zu den weich gegarten Bohnen geben und alles einige Minuten einkochen lassen. Nochmals abschmecken und den Eintopf zu den Pastinakensticks servieren. Gewürze wie Sternanis sind zwar nicht zum Verzehr gedacht, sehen aber schön als Dekoration aus. Wer den Eintopf gerne etwas dickflüssiger hat, kann diesen leicht abbinden (etwa mit Maisstärke).

FLEXIBLE ZUTATEN
Weiße Bohnen › Hülsenfrüchte aller Art (nach Packungsangaben garen)
Thymian › Rosmarin, Estragon, Bohnenkraut, Oregano
Pastinaken › Karotten, Petersilienwurzeln, Knollensellerie, Kohlrabi,
Süßkartoffeln, Kartoffeln

STURM IN DER NACHT

In Auckland und Umgebung haben wir einige Zeit mit den Vorbereitungen verloren. Nun wollen wir möglichst rasch die Südinsel erreichen. Wir verteilen die noch verbleibenden 650 Kilometer auf nur zwei Tage – bei Neuseelands Straßeninfrastruktur ist das ein ganz schöner Ritt. Schließlich erreichen wir ziemlich erschöpft die lang gezogene Palliser Bay östlich von Wellington.

Die unberührte Natur, die sich in aller Schönheit vor unseren Augen entfaltet, lässt uns alle kurz innehalten. Dank des Geländewagens können wir die befestigte Straße hinter uns lassen. Einige Kilometer holpern wir auf einem befestigten Sandweg dahin. Unsere Müdigkeit ist verflogen, während wir entlang der atemberaubenden Küste fahren. Auf der rechten Seite ragen die grauen Klippen und grünen Berge empor, linker Hand befindet sich das tiefblaue Meer

UNTEN / *Die ruhigen (Yoga-) Momente waren uns auf der Reise sehr wichtig.*

RECHTE SEITE / *Routen fernab der gängigen Highways zu finden war nicht immer einfach. Die stundenlange Vorbereitung zu Hause hatte sich gelohnt.*

und die Wellen rauschen an den weiten Sandstrand. Übervorsichtig ruckeln wir auf der holprigen Straße voran. Bei den ersten Wasserlöchern ist uns als »4WD*-Anfänger« ziemlich mulmig. Als die »Straße« immer steiler und enger wird, bekommen wir kalte Füße, fahren zurück an den Strand und schlagen dort unsere Zelte auf.

Wenig später brutzelt es bereits in den Pfannen. Wir kreieren Rezepte drei und vier, halten sie für das Kochbuch fest. Nach einem gemütlichen Abend am Lagerfeuer kugeln wir mit vollen Bäuchen in unsere Zelte und schlafen wenig später erschöpft, aber sehr zufrieden ein.

Mitten in der Nacht sind wir alle plötzlich hellwach. Ein stürmischer Wind rüttelt die Dachzelte durch, die Stangen drohen zu brechen. Es fühlt sich so an, als ob uns bald alles um die Ohren fliegt. Wir klettern schlaftrunken die Leiter hinunter und

*Four-Wheel-Drive = Allrad

Unten & Rechte Seite /
Große Tafeln am Highway signalisieren jeweils die (Wald-)Brandgefahr. Hier hatten wir Glück, wir konnten ohne Risiko ein kleines Lagerfeuer anzünden. In diesem friedlichen Moment ahnten wir noch nicht, wie ungemütlich die Nacht werden würde.

versuchen die Zelte zu befestigen. Aus Bequemlichkeit hatten wir sie ohne Heringe aufgestellt.

Unschöne Überraschung: Im Auto befindet sich nur ein Hering. Ohne Ahnung oder Hilfsmittel, wie die Zelte richtig befestigt werden, versuchen wir es trotzdem halbwegs. Dann legen wir uns wieder hin. Als wir das immer stärker werdende Rumpeln nicht mehr ignorieren können, brechen wir mitten in der Nacht auf. Yves weckt die Siebenschläferin Pascale, die mal wieder von der ganzen Hektik nichts mitbekommen hat. Wir suchen das Weite und fahren mehrere Kilometer in den nächstgelegenen Wald, wo wir windgeschützt die restlichen Stunden verbringen, bevor uns die Fähre auf die Südinsel schippern wird.

Unsere Zelte und damit unsere Nachtruhe sind wohl weiterhin dem Schicksal unterlegen. Lektion Nummer zwei: Dachzelte richtig befestigen – nicht nur die Leiter!

LINKE SEITE & RECHTS /
Die Zeit auf der Fähre vergeht fast wie im Flug, sobald man entlang der Meereszungen der Südinsel tuckert. Das riesige Schiff wirkt aber wie ein Fremdkörper in dieser atemberaubenden Landschaft.

BULGURBOWL MIT KIWI, MINZE UND GETROCKNETEN APRIKOSEN

300 ml Gemüsebrühe
160–200 g (Vollkorn-)Bulgur
1 kleine rote Zwiebel, geschält
10 Kirschtomaten
¼ Salatgurke
½ süßer Apfel (etwa Jonagold)
2 gelbe oder grüne Kiwis
5 getrocknete Aprikosen
4 Stängel frische Petersilie
4 Stängel frische Minze, plus
etwas mehr zum Garnieren
½ kleine frische rote Chilischote

FÜR DAS DRESSING
Saft von 1 Orange
Saft von 1 Zitrone
6–7 EL Raps- oder Sonnen-
blumenöl
5 EL trüber Apfelessig
½ TL Paprikapulver edelsüß
1 EL Mandelmus
1–2 TL Ras el-Hanout
(Gewürzmischung)
Meersalz
1–2 TL Kokosblütenzucker,
nach Belieben
frisch gemahlener
schwarzer Pfeffer

ZUM GARNIEREN
Tahini (Sesampaste)
geröstete Sesamsamen

Die Gemüsebrühe aufkochen und über den Bulgur gießen. Diesen abgedeckt rund 20 Minuten ziehen lassen. (Je nach Sorte das Getreide eventuell kochen – siehe Packungsangabe.)

Die Zwiebel halbieren, in kleine Würfel schneiden und in eine Schüssel geben. Die Kirschtomaten halbieren und zu den Zwiebeln geben. Die Gurke der Länge nach halbieren, jedes Stück nochmals der Länge nach dritteln und dann in feine Scheiben schneiden. Den Apfel halbieren, vom Kerngehäuse befreien und in kleine Würfel schneiden. Die Kiwis schälen, vierteln und in Scheiben schneiden. Die getrockneten Aprikosen in feine Streifen schneiden. Die Petersilien- und Minzeblätter abzupfen und fein hacken. Die Chilischote halbieren, von Samen befreien und in feine Streifen schneiden. Alles zu den Zwiebeln in die Schüssel geben.

Falls der Bulgur nicht alles Wasser aufgesogen hat, dieses abgießen und den Bulgur leicht auskühlen lassen.

Für das Dressing die Zitrussäfte in eine kleine Schüssel geben. Rapsöl, Apfelessig, Paprikapulver, Mandelmus, Ras el-Hanout, Salz, nach Belieben Kokosblütenzucker und Pfeffer hinzufügen und gut vermischen. Nach Belieben etwas mehr Orangen- oder Zitronensaft einrühren. Den ausgekühlten Bulgur zum Salat in die Schüssel geben und das Dressing dazugeben. Alles gut miteinander vermischen und 15 Minuten ziehen lassen. Zum Servieren nach Belieben mit Tahini beträufeln sowie mit gehackter Minze und gerösteten Sesamsamen bestreuen.

FLEXIBLE ZUTATEN
Apfel › Birne
getrocknete Aprikosen › getrocknete Datteln oder Feigen
Bulgur › Couscous (nach Packungsangabe garen)
Mandelmus › Tahini (Sesampaste)

KICHERERBSENEINTOPF
MIT TOMATEN UND
LIMETTEN-JOGHURT-DIP

250 g getrocknete Kichererbsen
2 Knoblauchzehen, geschält
1 große Zwiebel, geschält
1 große Aubergine
2 Tomaten
1 EL Kokosöl
1 TL schwarze Senfsamen
2 TL Kreuzkümmelsamen
1 EL Koriandersamen
3 EL Tomatenmark
300 g ganze geschälte
Tomaten (Dose)
800 ml Gemüsebrühe,
nach Bedarf mehr
3 Pimentkörner
1 TL Meersalz
4–6 Kardamomsamen
2 Nelken
1 Stange Zimt
2 Lorbeerblätter
¼ TL frische Muskatnuss
2 EL Paprikapulver edelsüß
frisch gemahlener
schwarzer Pfeffer
1 Prise Cayennepfeffer
1 TL getrocknete Chiliflocken
1 Handvoll frische glatte
Petersilie, plus einige Blätter
zum Garnieren

FÜR DEN DIP
2–3 EL Kokos-, Soja- oder
Mandeljoghurt
Meersalz
frisch gepresster Limettensaft

Die Kichererbsen mindestens 6 Stunden in reichlich Wasser einweichen, am besten 12 Stunden über Nacht. Vor der weiteren Verwendung abgießen und gründlich abspülen.

Den Knoblauch und die Zwiebel in kleine Würfel schneiden. Die Aubergine in 2 cm große Würfel schneiden. Die Tomaten vom Stielansatz befreien und in grobe Würfel schneiden. Die Zwiebel- und die Knoblauchwürfel in heißem Kokosöl dünsten. Senf-, Kreuzkümmel- und die Koriandersamen hinzufügen, 2–3 Minuten mitdünsten. Die Auberginenwürfel hinzufügen und ebenfalls mitdünsten. Das Tomatenmark dazugeben und alles bei erhöhter Temperatur 2–3 Minuten rösten. Die Kichererbsen und die Tomatenwürfel hinzugeben, nochmals 1–2 Minuten rösten. Die Tomaten aus der Dose hinzugeben und mit der Gemüsebrühe aufgießen. Die Pimentkörner leicht andrücken und gemeinsam mit Meersalz, Kardamomsamen, Nelken, Zimtstange, Lorbeerblättern, Muskatnuss, Paprikapulver, Pfeffer und Cayennepfeffer sowie Chiliflocken hinzufügen. Alles zum Köcheln bringen, die Kichererbsen darin in etwa 40 Minuten garen. Dabei gelegentlich umrühren.

Inzwischen die Petersilienblätter abzupfen, grob hacken und kurz bevor der Eintopf fertig ist, hinzufügen. Zum Schluss nochmals mit Salz und Pfeffer abschmecken. Den Joghurt ganz leicht salzen und etwas Limettensaft dazugeben, gut verrühren.

Den Eintopf anrichten und den aromatisierten Joghurt darüberträufeln. Mit fein gezupften Blättern Petersilie garniert servieren. Beim Servieren am Tisch die Zimtstange und die Lorbeerblätter nicht in die Teller schöpfen.

FLEXIBLE ZUTATEN
Kokosjoghurt › Soja-, Mandel- oder (nicht vegan) Kuhmilchjoghurt
Auberginen › Schmorgemüse nach Wahl
Kichererbsen › andere Hülsenfrüchte
geschälte Tomaten aus der Dose › 2–3 frische Fleischtomaten,
in Würfel geschnitten

SÜDINDISCHES MANGO-ZWIEBEL-CURRY MIT KOKOSSPÄNEN

FÜR 2 PERSONEN

200 g Roter Reis oder
Vollkornreis
Meersalz
2–3 Zwiebeln, geschält
2 sehr weiche Mangos
etwa 100 g Fruchtfleisch von
1 frischen Kokosnuss
1 Stück (2 cm) frischer Ingwer,
geschält oder 1 Stück (2 cm)
frischer Galgant
1 TL gelbe oder schwarze
Senfsamen
1 TL Koriandersamen
1 TL Kreuzkümmelsamen
1 EL Kokosöl
1 TL Kurkumapulver
1 TL Currypulver
1 TL Garam masala
(ind. Gewürzmischung)
1 TL Chilipulver
400 ml Kokosmilch
1 Stange Zitronengras
3–5 Curryblätter, nach Belieben
2 EL getrocknete Kokosstücke
oder Kokosflocken

ZUM GARNIEREN

½ Handvoll gekeimte Sprossen
nach Wahl (etwa
Linsen, Mungbohnen und
Kichererbsen)
Erdnusskerne mit Schale

Den Reis in leicht gesalzenem Wasser (siehe Packungsangabe) aufkochen lassen. Dann bei geschlossenem Deckel köcheln, bis er gar ist.

Die Zwiebeln in 5 mm große Würfel schneiden. Die Mango schälen, das Fruchtfleisch vom Kern schneiden und in grobe Würfel schneiden. Das Fruchtfleisch der Kokosnuss mit einem Sparschäler in dünne Streifen schälen oder mit einem Messer in ganz feine Stücke schneiden. Den Ingwer in feine Streifen schneiden (den Galgant dagegen dritteln).

Zwiebeln, Senf-, Koriander- und Kreuzkümmelsamen in heißem Kokosöl einige Minuten dünsten. Ingwer, frische Kokosspäne, Kurkuma- und Currypulver sowie Garam masala und Chilipulver dazugeben. Alles 1–2 Minuten dünsten. Die Mangowürfel hinzufügen und 2 Minuten unter ständigen Rühren mitdünsten. Mit Kokosmilch und 200–300 ml Wasser aufgießen. Die Zitronengrasstange mit dem Messerrücken zerdrücken und mit den Curryblättern zum Curry geben. Alles 30–45 Minuten köcheln lassen. Das Curry sollte leicht cremig sein.

Mit Salz, eventuell etwas mehr Garam masala oder Chilipulver abschmecken. Gemeinsam mit dem Reis servieren. Die getrockneten Kokosflocken als Garnitur dazugeben. Mit den frisch gekeimten Sprossen und einigen Erdnusskernen garniert servieren. Die Curryblätter sowie das Zitronengras nicht auf die Teller geben, sondern am Tisch servieren.

FLEXIBLE ZUTATEN

frische Kokosnuss › getrocknete Kokosspäne
Roter Reis oder Vollkornreis › Reis nach Wahl
Mango › Babyananas
Curryblätter › Kaffirlimettenblätter

TERIYAKI-GEMÜSE MIT ZITRONENGRAS-BUCHWEIZEN

FÜR DEN ZITRONEN-GRAS-BUCHWEIZEN

1 Stange Zitronengras
2 Kaffirlimettenblätter
1 TL Koriandersamen,
zerdrückt
Meersalz
170 g Buchweizen

FÜR DAS TERIYAKI-GEMÜSE

200 g Brokkoli
200 g Blumenkohl
1 Zwiebel, geschält
3 Knoblauchzehen, geschält
4 Stängel Thai-Basilikum
1 Stück (3 cm) frischer Ingwer
1 kleine frische rote Chilischote
1 Orange
2 EL Kokosöl
50 ml Soja- oder Teriyakisauce
50 ml Sesam- oder Erdnussöl
Saft von 1 Limette
3–4 EL Reisessig
½ EL Misopaste
1–2 EL Cashewcreme
Meersalz
frisch gemahlener
schwarzer Pfeffer

ZUM GARNIEREN

1 frische rote Chilischote
2 TL Sesamsamen
1 Handvoll Cashewkerne

Das Zitronengras mit dem Messerrücken etwas zerdrücken. Kaffir-limettenblätter, Koriandersamen, zerdrücktes Zitronengras und 1 gute Prise Salz in etwa 600 ml Wasser aufkochen. Den Buchweizen hinzugeben und köcheln lassen, bis der Buchweizen gar ist (siehe auch Packungsangabe).

Inzwischen den Brokkoli und den Blumenkohl in kleine Röschen schneiden oder brechen. Die Zwiebel halbieren und in Würfel schneiden. Den Knoblauch in Scheiben schneiden. Die Basilikumblätter abzupfen und grob hacken. Den Ingwer schälen und in möglichst feine Streifen schneiden. 1 kleine Chilischote der Länge nach halbieren, von Samen befreien und in dünne Streifen schneiden. Die andere Schote in Ringe schneiden und zum Garnieren beiseitelegen. Die Orange schälen, von Kernen befreien und in kleine Würfel schneiden.

Zwiebeln, Knoblauch und Ingwer im Kokosöl am besten in einem Wok kurz anbraten. Brokkoli, Blumenkohl und Chilistreifen darin dünsten, dabei leicht bräunen. Die Orangenstücke hinzufügen und mit Sojasauce, Sesamöl, Limettensaft, Reisessig, 100 ml Wasser und Misopaste ablöschen. Die Sauce sanft einkochen lassen, dabei gelegentlich umrühren.

Wenn Brokkoli und Blumenkohl noch etwas Biss haben, das gehackte Thai-Basilikum und die Cashewcreme dazugeben, gut vermischen und nochmals aufkochen. Wenn nötig, noch etwas Flüssigkeit hinzufügen. Eventuell das Ganze noch mit Salz und Pfeffer abschmecken. Den fertig gegarten Buchweizen abgießen und zu dem Teriyaki-Gemüse servieren. Den Buchweizen mit den Chiliringen garnieren. Das Gemüse mit Sesamsamen und Cashewkernen bestreut servieren.

FLEXIBLE ZUTATEN

Buchweizen › (Natur-)Reis oder Linsen
Brokkoli und Blumenkohl › nur eines von beidem oder Romanesco
Thai-Basilikum › Basilikum oder Koriander
Misopaste › Hoisinsauce oder -paste

EXOTISCHER SALAT MIT MANGO, KAROTTEN UND INGWER

2 reife Mangos
2–3 Karotten
1 Stück (2 cm) frischer Ingwer
½ Granatapfel
1 Grapefruit oder Pomelo
4 Stängel frische Minze
Meersalz

FÜR DAS DRESSING

1 weiche Avocado
Saft von 1–1½ Zitronen
3–4 EL Sesamöl
1 EL Senf
1 EL Agavendicksaft oder
(nicht vegan) Honig
Meersalz
frisch gemahlener
schwarzer Pfeffer

Die Mangos schälen, das Fruchtfleisch vom Kern schneiden und dann in lange Streifen schneiden.

Die Karotten schälen und in feine Julienne (Streifen) schneiden oder fein raspeln. Den Ingwer schälen und fein reiben. Die Granatapfelsamen auslösen. Die Grapefruit schälen und das Fruchtfleisch in grobe Würfel schneiden. Die Minzeblätter abzupfen und grob hacken. Alles in einer Schüssel leicht salzen, gut vermischen und 15–20 Minuten ziehen lassen.

Das Fruchtfleisch von ½ Avocado mit einer Gabel ganz fein zerdrücken. Zitronensaft, Sesamöl, Senf und Agavendicksaft dazugeben und mit einem Rührbesen gut vermischen. Mit Salz und etwas Pfeffer abschmecken, das Dressing zum Salat geben. Alles gut vermischen und vor dem Servieren nochmals 10 Minuten ziehen lassen. Die restliche Hälfte der Avocado inklusive Stein entweder als Garnitur dazulegen oder nach Belieben in Streifen schneiden und fächerartig zum Salat servieren.

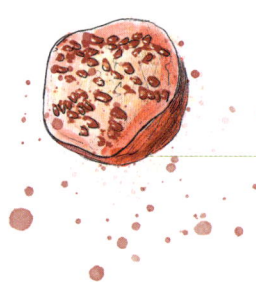

FLEXIBLE ZUTATEN

Grapefruit/Pomelo › (Blut-)Orangen
Zitronensaft › Saft von 2 Limetten
Karotten › Stangensellerie oder Kohlrabi
Mango › Sternfrucht, Pitahaya
(Drachenfrucht), Ananas, Litschis oder Kaki

NUDEL-GEMÜSE-WOK
MIT SÜSSSAUREM
WEISSKOHL

FÜR DEN WEISSKOHL

¼–⅓ (je nach Größe)
Kopf Weißkohl
1 unbehandelte Zitrone
1–2 TL Sambal Oelek oder
Chilipaste
3 EL Reisessig
1 EL Soja- oder Tamarisauce
⅓ TL Fünf-Gewürze-Pulver
(asiat. Gewürzmischung)
2 TL Vollrohrrohzucker
Meersalz
frisch gemahlener
schwarzer Pfeffer

FÜR DEN WOK

200 g dicke Reisnudeln
1 rote Zwiebel, geschält
2 Knoblauchzehen, geschält
10 Kirschtomaten
100 g Zuckerschoten
2 Frühlingszwiebeln
1 frische rote Chilischote
4 Stängel frischer Koriander
4 Stängel frische Minze
1 Stück (2 cm) frischer Ingwer
½ Grapefruit, geschält
2 Handvoll frischer Spinat
1–2 EL Kokosöl
1 TL Koriandersamen,
zerdrückt
1 TL Sesamsamen
4 EL Sojasauce
3 EL Sesamöl

AM VORTAG

Den Weißkohl grob raspeln. Die Zitrone mit heißem Wasser gründlich abspülen und ein Drittel der Schale zum Weißkohl grob reiben. Danach die Zitrone auspressen und den Saft zum Weißkohl geben. Sambal Oelek, Reisessig, Sojasauce, Fünf-Gewürze-Pulver, Zucker sowie etwas Salz und Pfeffer dazugeben und alles gut vermischen. Den Weißkohl abgedeckt in den Kühlschrank stellen und 24 Stunden marinieren lassen. Zwischendurch immer mal wieder durchrühren.

AM ZUBEREITUNGSTAG

Die Reisnudeln in kochendes gesalzenes Wasser geben und siedend gar ziehen lassen (siehe Packungsangabe). Danach abgießen und mit kaltem Wasser abschrecken.

Inzwischen die Zwiebel und den Knoblauch halbieren, beides in dünne Scheiben schneiden. Die Kirschtomaten und die Zuckerschoten putzen, alles halbieren. Die Frühlingszwiebeln der Länge nach halbieren und in feine Streifen schneiden. Die Chilischote schräg in feine Scheiben schneiden, für weniger Schärfe die Schote von Samen befreien. Den Koriander samt Stiel grob hacken. Die Minzeblätter vom Stiel zupfen und ebenfalls grob hacken. Den Ingwer schälen und in möglichst dünne Streifen schneiden. Die Grapefruit von Kernen befreien und in kleine Stücke schneiden. Den Spinat verlesen, waschen und trocken schütteln.

Zwiebel und Knoblauch in heißem Kokosöl dünsten, dabei leicht bräunen. Zuckerschoten, Koriander- und Sesamsamen sowie die Kirschtomaten dazugeben und 2–3 Minuten mitdünsten. Frühlingszwiebeln, Chili und die Ingwerstreifen dazugeben, alles 2–3 Minuten schwenken. Nun die Nudeln dazugeben und nochmals alles gut schwenken.

Sojasauce, Sesamöl und etwa 50 ml Wasser dazugeben, kurz einkochen lassen. Gehackten Koriander, Minze, Spinat, den Nuss-/Kernmix, Cashewcreme sowie den Zucker dazugeben und alles 1–2 Minuten bei etwas höherer Temperatur braten. Zum Schluss die Grapefruitstücke hinzugeben.

1 Handvoll Nuss-/Kernmix,
geröstet und gesalzen
(Mandeln, Cashew-,
Walnusskerne)
2 EL Cashewcreme
1 TL Vollrohrrohzucker

ZUM GARNIEREN
1 kleine frische rote Chilischote
½ Handvoll Nuss-/Kernmix,
geröstet und gesalzen
einige Korianderblätter

Den marinierten süßsauer-scharfen Weißkohl als Topping für den Nudel-Gemüse-Wok servieren. Die Chilischoten in dünne Ringe schneiden und die Nusskerne grob hacken oder zerdrücken. Gemeinsam mit frischen Korianderblättern den Wok damit garniert servieren.

FLEXIBLE ZUTATEN
Weißkohl › Rot- oder Chinakohl
Zuckerschoten › Zucchini, grüne Bohnen
Minze › Estragon
Koriander › glatte Petersilie
Grapefruit › Orange

LINKE SEITE /
Iwans über 50 Jahre alte
Rolleiflex war seine erste
analoge Kamera.

LINKS & UNTEN /
Yves' Drohne surrte ab und zu
über unseren Köpfen und
ermöglichte uns eine ganz an-
dere Sichtweise auf die
magischen Orte.

KÜRBIS-PASTINAKEN-GULASCH MIT FRISCHEN KRÄUTERN

1 große Zwiebel, geschält
2 Pastinaken
350–400 g Butternusskürbis,
geschält und entkernt
1 Tomate
1 EL Kokosöl
4 Wacholderbeeren
4 Pimentkörner
2 Lorbeerblätter
3 Nelken
2 EL Tomatenmark
200 ml Rotwein
600–700 ml Gemüsebrühe
1 Prise geriebene Muskatnuss
4–5 Stängel Thymian
½ Handvoll frisches
Bohnenkraut (alternativ
2 TL getrocknet)
2 Zweige Rosmarin, plus
mehr zum Garnieren
Meersalz
frisch gemahlener
schwarzer Pfeffer
frisch geriebene Muskatnuss

FÜR DAS TOPPING
1 Pastinake
etwas Olivenöl
heller Balsamico-Essig
zum Servieren
Meersalz
frisch gemahlener
schwarzer Pfeffer
½ Handvoll Kürbiskerne
zum Garnieren

Die Zwiebel halbieren und in grobe Würfel schneiden. Die Pastinaken schälen und vom Strunk befreien. Den Kürbis und die Pastinaken in 2–3 cm große Würfel schneiden. Die Tomate vom Stielansatz befreien und in grobe Stücke schneiden. Die Wacholderbeeren und Pimentkörner im Mörser oder mit dem Messerrücken leicht andrücken.

Zwiebel mit Kürbis- und den Pastinakenwürfeln in heißem Kokosöl andünsten. Nun Wacholderbeeren, Pimentkörner gemeinsam mit Lorbeerblättern und Nelken dazugeben, kurz mitdünsten. Das Tomatenmark hinzufügen und alles bei höherer Temperatur 1–2 Minuten rösten. Die Tomate dazugeben, kurz schwenken und alles mit dem Rotwein ablöschen. Einkochen lassen und dann mit Gemüsebrühe aufgießen. Muskatnuss, Thymian sowie Bohnenkraut dazugeben. Alles köcheln lassen, bis das Gemüse weich ist. Das Gulasch sollte dabei etwas eindicken und nicht allzu flüssig sein.

Inzwischen die Rosmarinnadeln abzupfen und ganz fein hacken. Zum Schluss diese zu dem weich gekochten Gemüse geben und alles noch weitere 3–4 Minuten köcheln lassen. Mit Salz, Pfeffer sowie Muskatnuss abschmecken.

Für das Topping von der Pastinake mit einem Sparschäler ganz feine Streifen herunterschälen. Mit etwas Salz, Pfeffer und Olivenöl sowie ganz wenig hellem Balsamico-Essig anmachen. Diese Pastinakenstreifen auf dem Gulasch servieren, alles mit Rosmarinzweigen und den Kürbiskernen garnieren.

FLEXIBLE ZUTATEN
Kürbis › festkochende Kartoffeln, Süßkartoffeln
Pastinaken › Petersilienwurzel, Knollensellerie, Karotten, Kohlrabi

KNUSPRIGE KARTOFFELN
MIT PILZEN UND
FRUCHTIGEM CHUTNEY

FÜR DAS CHUTNEY
1 Mango
1 kleiner süßer Apfel
(etwa Jonagold)
1 kleine Birne
(etwa Williams Christ)
1 kleine rote Zwiebel, geschält
1 frische rote Chilischote
2 Stängel frischer Estragon
2 EL gelbe Senfkörner
1 EL Kokosöl
100 ml Apfelessig
2 EL grobe Senfpaste
2 EL Vollrohrrohzucker
Meersalz
frisch gemahlener
schwarzer Pfeffer

FÜR DIE KARTOFFELN
400–500 g festkochende
Kartoffeln
2 Handvoll Pilze nach Wahl
(Champignons, Kräuter-
seitlinge, Shiitake etc.)
1 Frühlingszwiebel, plus etwas
mehr zum Garnieren
2 Zweige frischer Rosmarin,
plus etwas mehr zum
Garnieren
3 EL Kokosöl
Meersalz
frisch gemahlener
schwarzer Pfeffer

Die Mango schälen, das Fruchtfleisch vom Kern schneiden und in 1 cm große Würfel schneiden. Den Apfel und die Birne vom Kerngehäuse befreien und beides ebenfalls in 1 cm große Würfel schneiden. Die Zwiebel halbieren und in feine Würfel schneiden. Die Chilischote halbieren, von Samen befreien und in feine Streifen schneiden. Die Estragonblätter abzupfen und grob hacken.

Die Zwiebel und die Senfkörner in 1 EL heißem Kokosöl glasig dünsten. Mango-, Apfel- und Birnenwürfel dazugeben und einige Minuten mitdünsten. Mit dem Apfelessig ablöschen, leicht einkochen lassen, dann die Senfpaste dazugeben. Kurz umrühren und 100 bis 150 ml Wasser sowie den Zucker hinzugeben. Alles köcheln lassen, bis eine leicht dickliche Masse entsteht. Zum Schluss den Estragon hinzugeben und mit Salz und Pfeffer leicht abschmecken. Vom Herd nehmen und beiseitestellen.

Die Kartoffeln schälen, vierteln und in dünne Scheiben schneiden. Die Pilze in grobe Stücke zupfen oder schneiden. Die Frühlingszwiebel halbieren und das Weiße und das Grüne getrennt voneinander in feine Röllchen schneiden. Die Rosmarinnadeln abzupfen und grob hacken.

Die Kartoffeln in heißem Kokosöl (etwa 2 EL) goldbraun ausbacken, bis diese außen leicht knusprig und innen gar sind. Dabei eventuell portionsweise arbeiten. Die goldbraunen Kartoffelscheiben auf Küchenpapier entfetten. In derselben Pfanne erneut 1 EL Kokosöl erhitzen und die Pilze gemeinsam mit dem weißen Teil der Frühlingszwiebel darin Farbe annehmen lassen. Nun die Kartoffeln wieder dazugeben und alles schwenken. Den Rest der Frühlingszwiebel und den frischen Rosmarin dazugeben und nochmals 1–2 Minuten schwenken. Mit Salz und Pfeffer abschmecken, mit frischem Rosmarin und Frühlingszwiebelröllchen bestreut gemeinsam mit dem Chutney servieren.

FLEXIBLE ZUTATEN
Estragon › frisches Basilikum
Mango › Ananas
Apfel & Birne › Pfirsich, Litschis, frische Feigen
› Das Chutney hält sich in sterile Gläser abgefüllt
im Kühlschrank ungeöffnet bis zu 2 Wochen.

RAINBOW ROAD

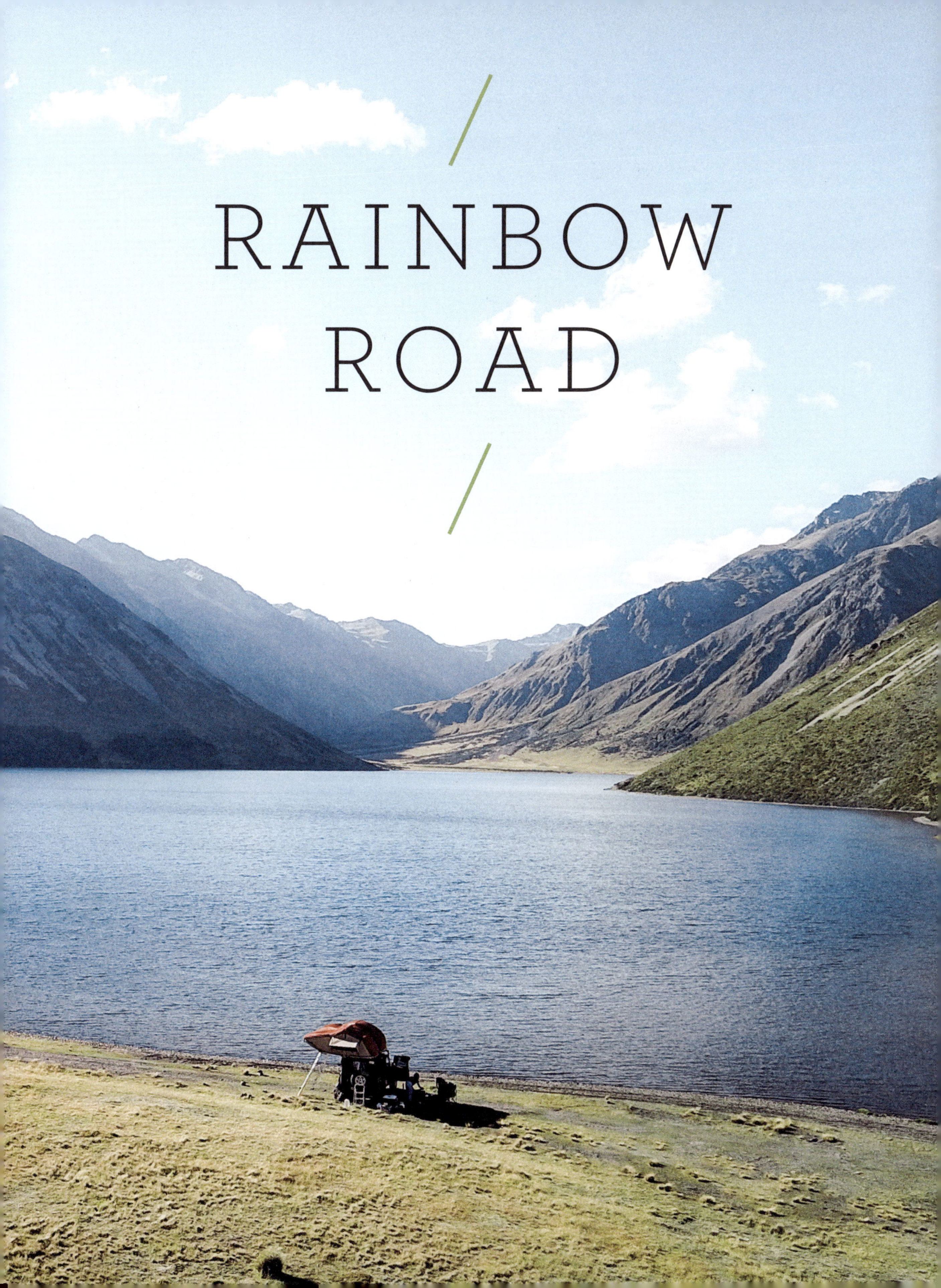

Iwan setzt den Blinker und biegt rechts ab zum Roadhouse. Hungrig durchstöbern wir die Regale. Zum Glück haben wir für die anstehenden Rezepte bereits alles besorgt – das Geschäft an der Straße ist kleiner als erwartet. Iwan und Yves bleiben mit glänzenden Augen vor den frisch gebackenen Pies in der Auslage stehen. Wir setzen uns in den kleinen, etwas schmuddeligen Garten nebenan. Vor dem Mittagessen genießen wir die warmen Sonnenstrahlen. Die nette Dame vom Tresen bringt uns Gemüseküchlein frisch aus dem Ofen und Kaffee: »Enjoy, guys!« Nach kurzer Routenabsprache fahren wir los Richtung Rainbow Road. Uns erwartet eine über 100 Kilometer lange, nicht versiegelte Straße, die im Grunde nur die Wartung der Strommasten gewährleisten soll, quer durch einen unbewohnten Teil Neuseelands.

Wir verlassen die Hauptstraße. Daniela dreht die Landkarte hin und her: »Sind wir hier wirklich richtig?« Vor dem letzten Viehgitter reihen sich dann zahlreiche Warnschilder aneinander. Offenbar richtig abgebogen – endlich können wir unseren Geländewagen so richtig nutzen. Die Straße führt uns durch den Wald an einem Skigebiet vorbei. Immer wieder prüfen wir auf der Karte, ob wir nicht vom Weg abgekommen sind. Die Sonne scheint durch die Bäume auf die Schotterstraße, der ständige Wechsel von Licht und Schatten lässt Iwan vorsichtig fahren. Ein anderer Wagen kreuzt unseren Weg, der Fahrer braust, als wäre er auf der Autobahn. Plötzlich endet der Wald, die Straße wird durch eine Barriere versperrt. Daneben steht ein kleines Häuschen. Freudig wedelnd begrüßt uns der Hofhund. Wir bezahlen die Nutzungsgebühr bei seinem Herrchen – nun beginnt die offizielle Allradstrecke.

LINKE SEITE /
Auf Offroad-Strecken fühlten wir uns auf der Rückbank wie im Trockner. Wir wurden buchstäblich durchgeschleudert. Das Ziel lohnte die Mühen.

LINKS & UNTEN /
Die Südinsel kann schon ziemlich frisch sein frühmorgens – sogar im Sommer. Daniela brauchte gleich mehrere Schichten, um sich warm zu halten.

RECHTE SEITE / *Dies war noch die harmloseste Flussüberquerung. An anderen Tagen stand uns das Wasser bis zur Motorhaube. Wir witzelten zwar immer dabei, doch die Angst, stecken zu bleiben, war ein verlässlicher Reisebegleiter.*

LINKE SEITE / *Die Aluminium-*
leitern wurden nachts ziemlich
kalt. Barfuß hinunterzusteigen
war ausgeschlossen.

UNTEN / *Der See auf der*
Hochebene war eiskalt.
Das hielt uns jedoch nicht
davon ab, uns morgens darin
zu waschen.

Die Landschaft ist karg, geduckte Büsche überziehen die langen Bergketten. Wir fahren rumpelnd eine schmale Passstraße auf eine Hochebene und genießen den Anblick der unberührten Natur. Yves versucht die weitläufige Landschaft mit Bildern per Drohne festzuhalten. Noch etwas unbeholfen zittert diese in der Luft. »Achtung, Stromleitung!«, warnt ihn Pascale.

Nach knapp zwei Stunden Fahrt erreichen wir unser Ziel: ein kristallklarer See im Talkessel, umgeben von hoch aufragenden Bergspitzen. Am Ufer stehen bereits zwei andere Autos. Beim Unterstand hat es sich ein junges Paar in Hängematten gemütlich gemacht. Vom gegenüberliegenden Ufer sind wir durch einen Bach getrennt. Auf die andere Seite hat es bisher noch niemand gewagt. Wir nehmen all unseren Mut zusammen und fahren durch das knietiefe Wasser. Dann heißt es Zelte aufschlagen, kochen,

fotografieren … erst beim Essen nehmen wir die Landschaft um uns bewusst wahr. Nirgends ist ein Zeichen von Tourismus oder einer Infrastruktur, wie man sie sonst erwarten würde, auszumachen. Wir diskutieren, wie es hier wohl aussehen würde, wären wir bei uns zu Hause in den Bergen: An jeder noch so absurden Stelle befände sich wohl eine Alphütte mit Kühen. Für solche ruhigen Momente in unberührter Natur sind wir nach Neuseeland gekommen. Es ist ganz still am eiskalten See, nur der Wind weht leise durch das Tal. Heute sind wir früher als gewöhnlich mit dem Kochen fertig. Den Sonnenuntergang wollen wir auf einem Hügel begrüßen und steigen hoch. Die Sonne steht nun ganz tief am Horizont, das Licht wird immer wärmer und lässt die Grashalme gelb scheinen. Kaum ist die Sonne weg, wird es kalt. Eingemummelt verbringen wir den Abend mit Kartenspielen.

Am nächsten Morgen brechen wir nach einem Bad im See früh auf.

LINKS UND UNTEN /
Gemeinsam zu reisen bedeutet
auch gemeinsam zu wachsen.
Während der Golden Hour
war Iwan oft mit seinen zwei
analogen Kameras unterwegs,
um die schönsten Farben
auf Film festzuhalten.

ZIMT-KÜRBIS GEBRATEN, MIT FEIGEN-TOMATEN-CHUTNEY

2 Schalotten, geschält
1 Knoblauchzehe, geschält
5 getrocknete Feigen, plus
etwas mehr in Stücke
geschnitten zum Garnieren
2 Tomaten
600 g Hokkaido-Kürbis, nach
Belieben geschält, entkernt
1 Stängel frischer Oregano,
plus etwas mehr Blätter
zum Garnieren
6–8 getrocknete Tomaten
1 EL gelbe Senfkörner
3 EL Kokosöl
2 EL Vollrohrrohzucker
50 ml Balsamico-Essig
Meersalz
frisch gemahlener
schwarzer Pfeffer
1 Handvoll Walnusskerne,
zerkleinert
Zimtpulver

Die Schalotten halbieren und fein hacken. Den Knoblauch in dünne Scheiben schneiden. Die Feigen vom Stiel befreien, halbieren und in kleine Würfel schneiden. Die Tomaten vom Stielansatz befreien, vierteln, entkernen und in grobe Würfel schneiden.

Den Kürbis vierteln und in 5 mm dünne Halbmonde schneiden. Die Oreganoblätter abzupfen und grob hacken. Die getrockneten Tomaten in dünne Streifen schneiden. Tomaten aus dem Glas in Öl zuvor abtropfen lassen.

Schalotten, Senfkörner und Knoblauch in 1 EL heißem Kokosöl glasig dünsten. Den Zucker dazugeben, schmelzen lassen und die Feigen hinzugeben. Kurz umrühren und vorsichtig mit dem Balsamico-Essig ablöschen. Leicht einkochen lassen. Nun die Tomatenwürfel und die getrockneten Tomatenstreifen hinzufügen. Alles einige Minuten unter ständigen Rühren köcheln lassen. Mit Salz und Pfeffer abschmecken. Dann 50 ml Wasser dazugeben. Alles einkochen lassen. Zum Schluss den Oregano und die Walnüsse hinzugeben, nochmals umrühren und beiseitestellen.

Inzwischen die Kürbisscheiben in 1–2 EL heißem Kokosöl von beiden Seiten bei niedriger Temperatur goldbraun ausbacken. Wenn beide Seiten angebraten sind, die Kürbisscheiben rundherum mit Salz und wenig Pfeffer sowie mit etwas Zimtpulver bestreuen. Nochmals kurz in der heißen Pfanne wenden.

Das Chutney erneut erhitzen und schließlich auf den Kürbisscheiben servieren. Mit frischen Oreganoblättern, Meersalz und Feigenstücken bestreut servieren.

FLEXIBLE ZUTATEN
Feigen › Datteln, getrocknete Aprikosen oder Pflaumen
Kürbis › Zucchini, Auberginen,
Süßkartoffel, Kartoffeln

INDISCHE ROTE-BETE-TALER MIT MANGO-MELONEN-VINAIGRETTE

200 g Rote Bete
200 g weichkochende Kartoffeln
Meersalz
½ TL getrocknete Chiliflocken
1 TL Currypulver
½ TL Kurkumapulver
½ TL Koriandersamen
2 EL Dinkelmehl
¼ TL Backpulver
2 EL Kokosöl
1 Stück (2 cm) frischer Ingwer
4 Stängel frische Minze
frisch gemahlener
schwarzer Pfeffer
frisch geriebene Muskatnuss

FÜR DIE MANGO-MELONEN-VINAIGRETTE

1 reife Mango
150 g Melonenfruchtfleisch
(Cantaloupe)
1 Schalotte, geschält
1 rote Paprikaschote
4 Stängel Koriander, plus
Blätter zum Garnieren
2–3 EL Sonnenblumenöl
2 EL Apfelessig
Saft von 1 Limette
1 TL Garam masala
(ind. Gewürzmischung)
Sonnenblumenkerne
Pinienkerne
Meersalz
frisch gemahlener
schwarzer Pfeffer

Die Rote Bete und die Kartoffeln schälen, beides in kleine Würfel schneiden und in einem Topf mit kaltem Wasser zum Kochen bringen. Alles leicht salzen und köcheln lassen, bis die Rote-Bete- und Kartoffelwürfel sehr weich sind.

Inzwischen für die Vinaigrette die Mango schälen und das Fruchtfleisch vom Kern schneiden. Das Fruchtfleisch der Mango sowie der Melone in möglichst kleine Würfelchen schneiden und in eine Schüssel geben. Die Schalotte halbieren und in ganz feine Würfel schneiden oder fein hacken und dazugeben. Die Paprika von Samen und Trennwänden befreien, in kleine Würfel schneiden. Den Koriander samt Stiel fein hacken und ebenfalls in die Schüssel geben, dabei etwas zum Garnieren beiseitelegen. Sonnenblumenöl, Apfelessig, Limettensaft, Garam masala, einige Sonnenblumenkerne sowie die Pinienkerne dazugeben, mit Salz und Pfeffer etwas abschmecken und gut vermischen. Die Vinaigrette beiseitestellen.

Die weich gegarte Rote Bete und die Kartoffeln abgießen und kurz ausdampfen lassen. Dann mit einer Gabel oder einem Stampfer zerdrücken. Die Koriandersamen leicht zerdrücken und mit Chiliflocken, Curry- und Kurkumapulver sowie mit Dinkelmehl, Backpulver und 1 EL Kokosöl dazugeben. Den Ingwer schälen und zu der Masse reiben. Die Minzeblätter abzupfen, grob hacken und ebenfalls dazugeben. Alles zu einer dicken Masse verarbeiten und mit Salz, Pfeffer und Muskatnuss abschmecken. Falls die Masse zu dick ist, etwas Wasser dazugeben, und wenn sie zu flüssig erscheint, etwas mehr Dinkelmehl einarbeiten.

Aus der Masse mit den Händen kleine Kugeln formen. Diese Kugeln dann mit den Handflächen etwas flach drücken und in heißem Kokosöl (1 EL) beidseitig langsam goldbraun ausbacken. Eventuell portionsweise arbeiten.

Gemeinsam mit der Mango-Melonen-Vinaigrette servieren, nach Belieben die Taler aufeinanderstapeln und die Vinaigrette dazwischenschichten. Mit gehackten Korianderblättern garnieren.

FLEXIBLE ZUTATEN
Kartoffeln › Süßkartoffeln, Topinambur
Rote Bete › Karotten, Pastinaken, Blumenkohl
Mango › Ananas, Papaya, Pfirsich, diverse Melonensorten

ASIATISCHE TEIGTASCHEN MIT ERDNUSSSAUCE

170 g Dinkelvollkornmehl,
plus etwas mehr für die
Arbeitsfläche
170 g Vollkornweizenmehl
170 ml lauwarmes Wasser,
nach Bedarf etwas mehr
1-2 EL Maisstärke, plus
etwas mehr für die Teig-
taschenränder
1 Prise Meersalz

FÜR DIE FÜLLUNG

2-3 Karotten
2 weichkochende Kartoffeln
1 Stück (2 cm) frischer Ingwer
½ Zucchini
1 Schalotte, geschält
1 Knoblauchzehe, geschält
1 frische rote
Chilischote (mild)
1 EL Kokosöl
1-2 EL Misopaste
frisch gemahlener
schwarzer Pfeffer

FÜR DIE ERDNUSSSAUCE

2 Stängel frischer Koriander
4-5 EL Erdnussbutter
Saft von 1 Limette
5 EL Sesamöl
¼ TL Chilipulver
5 EL Sojasauce
1 TL Agavendicksaft oder
(nicht vegan) Honig

Mehle, Wasser, Maisstärke und 1 Prise Salz zu einem homogenen Teig verarbeiten. Eventuell etwas mehr Wasser oder Mehl hinzufügen. Den Teig mindestens 15 Minuten, aber nicht länger als 1 Stunde abgedeckt ruhen lassen.

Für die Füllung die Karotten und die Kartoffeln schälen. Den Ingwer schälen und ebenso wie Zucchini, Karotten und Kartoffeln grob raspeln. Die Schalotte halbieren und ebenso wie den Knoblauch in möglichst feine Würfel schneiden oder hacken. Die Chilischote halbieren, von Kernen befreien und in feine Ringe schneiden.

Die Schalotten- und Knoblauchwürfel in heißem Kokosöl dünsten, dabei leicht bräunen. Die Gemüseraspel hinzufügen und 4-5 Minuten bei erhöhter Temperatur mitdünsten. Die Misopaste hinzufügen und unter Rühren kurz mitbraten. Mit 100 ml Wasser ablöschen und sanft einkochen lassen. Mit Pfeffer würzen. Die Gemüsefüllung auf einem Teller auskühlen lassen.

Inzwischen für die Erdnusssauce den Koriander samt Stiel grob hacken. Die Erdnüsse sehr fein hacken. Dann Erdnussbutter, Limettensaft, Sesamöl, Chilipulver, Sojasauce, Agavendicksaft, gesalzene Erdnusskerne, 2 EL warmes Wasser und den gehackten Koriander in einer Schüssel gut vermischen und beiseitestellen. Falls die Erdnusssauce zu dick ist, noch etwas mehr Flüssigkeit einrühren.

Nun die Arbeitsfläche leicht mit Mehl bestäuben und den Teig so dünn wie möglich darauf mit einem Wellholz oder einer leeren Weinflasche ausrollen. Mit einem runden Ausstecher Kreise (etwa 8 cm Durchmesser) ausstechen oder mit einem Messer Kreise ausschneiden. Diese in der Mitte mit jeweils etwa 1 EL der abgekühlten Gemüsefüllung belegen.

Etwas Maisstärke in Wasser auflösen. Den Rand der Teigkreise leicht mit der Stärkemischung einpinseln und die Teigtaschen zusammenfalten. Die Enden mit einer Gabel oder von Hand zusammendrücken, so dass die Taschen rundherum fest verschlossen sind.

Alternativ für klassische Dumplings den Teig zu einer etwa 5 cm dicken Wurst rollen, von dieser 5 mm dünne Scheiben herunterschneiden. Diese dann einzeln mit etwas Mehl bestäuben und mit dem Wellholz auswallen. Etwas Füllung auf die Teigscheiben legen und ebenfalls die Ränder mit Stärke bepinseln. Nun alle Seiten nach oben hin schließen und fest zusammendrücken. Einen Topf mit etwas

½ Handvoll gesalzene
Erdnusskerne
Meersalz
frisch gemahlener
schwarzer Pfeffer

Zum Garnieren
grob gemahlener Pfeffer
frisch gekeimte Brunnenkresse

Wasser erhitzen und einen Dämpfeinsatz (Bambuskorb) einhängen. Die Teigtaschen etwa 10 Minuten dämpfen. Alternativ die Teigtaschen auf einer Seite in etwas Kokos- oder Sonnenblumenöl anbraten, danach mit etwas Wasser ablöschen, Deckel auf die Pfanne legen und so kurz dämpfen.

Mit der Erdnusssauce beträufeln, mit Korianderblättern und Chiliringen bestreuen. Die Teigtaschen auf frischen Kressesprossen und bestreut mit grob gemahlenem Pfeffer servieren.

Flexible Zutaten
Karotten › Kohlrabi, Pastinaken, Rote Bete, Pak Choi
Zucchini › Paprikaschoten, frischer Spinat, Grünkohl
Kartoffeln › weglassen oder stattdessen anderes Gemüse (siehe oben)
sowie Tofu- oder Seitanstücke zusätzlich

Rechte & Linke Seite /
*Die Gerichte nach dem Foto-
grafieren zu probieren war
immer das Highlight des
Tages. Auf den rauen Straßen
(links) war man jedoch gut
beraten, mit leerem Magen
unterwegs zu sein.*

GRÜNKOHL-KIWI-SALAT MIT GEBRATENEN SÜSSKARTOFFELN UND KARAMELLISIERTEN TRAUBEN

4 Rispen Grünkohl
6–7 EL Sonnenblumen-
oder Rapsöl
4 EL Apfelessig
2–3 EL Mandelmus
1 TL Senf
Saft von ½ Zitrone
70–100 g Kokos- oder
Sojajoghurt, plus etwas
mehr zum Garnieren
Meersalz
frisch gemahlener
schwarzer Pfeffer
2 Kiwis
2 Minigurken oder
⅓ Salatgurke
1 Avocado

FÜR DIE
SÜSSKARTOFFELN

200 g Süßkartoffeln
2 Handvoll rote oder
dunkle Trauben
2 Stängel frisches Basilikum,
plus einige Blätter
mehr zum Garnieren
1 EL Kokosöl
1 TL Fenchelsamen
1 Handvoll Pekannusskerne
Meersalz
frisch gemahlener
schwarzer Pfeffer
frisch geriebene Muskatnuss

Die Grünkohlblätter von den Rispen zupfen, in möglichst feine Streifen schneiden und in eine Schüssel geben. Sonnenblumenöl, Apfelessig, Mandelmus, Senf, Zitronensaft sowie den Kokosjoghurt in eine kleine Schüssel geben, gut vermischen sowie mit Salz und Pfeffer abschmecken. Dieses Dressing nun zum Grünkohl geben und mit beiden Händen in den Kohl einmassieren. Dann am besten 30 Minuten einziehen lassen.

Nun die Kiwis schälen, sechsteln und dann in Scheiben schneiden. Die Gurken in etwa 4 cm lange Sticks schneiden. Die Avocado halbieren, das Fruchtfleisch mit einem Löffel aus der Schale lösen und in grobe Würfel schneiden. Kiwis, Gurken und Avocado zum Grünkohl geben, locker untermischen. Eventuell mit Salz und Pfeffer abschmecken, erneut ziehen lassen.

Inzwischen die Süßkartoffeln schälen und in 1 cm große Würfel schneiden. Die Trauben vom Stiel zupfen und waschen, beiseitelegen. Die Basilikumblätter abzupfen und grob hacken. Die Süßkartoffelwürfel bei geschlossenem Deckel (falls vorhanden) in heißem Kokosöl goldbraun ausbacken.

Wenn die Süßkartoffeln schön goldbraun sind, die Fenchelsamen, Pekannusskerne und die Trauben hinzufügen. Bei niedriger Temperatur alles 5–7 Minuten schwenken, bis die Trauben leicht zu karamellisieren beginnen. Achtgeben, dass nichts anbrennt. Zum Schluss noch das Basilikum dazugeben und alles mit Salz, Pfeffer sowie mit Muskatnuss abschmecken.

Die gebratenen Süßkartoffeln und karamellisierten Trauben über den Grünkohl-Kiwi-Salat streuen, dann mit ganzen Basilikumblättern bestreut sowie mit Joghurt beträufelt servieren.

FLEXIBLE ZUTATEN
Grünkohl › frischer Blattspinat
(nicht schneiden und nicht ziehen lassen)
Kiwis › Aprikosen, Pfirsiche, Nektarinen
Süßkartoffel, in Würfel geschnitten › Zucchini,
Kartoffeln, Paprikaschoten

LIMETTEN-GURKEN-COUSCOUS MIT OLIVEN UND PFANNENGEMÜSE

200 ml Gemüsebrühe
200 g Couscous
7 EL Olivenöl
15 schwarze Oliven
1 Minigurke
4 Stängel frisches Basilikum,
plus ganze Blätter
zum Garnieren
4 Stängel frische glatte
Petersilie
Saft von 2 Limetten
3–4 EL heller Balsamico-Essig
Meersalz
frisch gemahlener
schwarzer Pfeffer
1 Handvoll ungesalzene
Pistazienkerne, plus mehr
zum Garnieren
1 Handvoll Pinienkerne, plus
mehr zum Garnieren

Für das Pfannengemüse

1 gelbe Paprikaschote
1 rote Paprikaschote
1 kleine Zucchini
Meersalz
3–4 EL Balsamico-Essig, plus
etwas mehr zum Garnieren
1 EL Kokosöl
1–2 EL Olivenöl
frisch gemahlener
schwarzer Pfeffer

Die Gemüsebrühe zum Kochen bringen und über den Couscous gießen. Dann 1 EL Olivenöl dazugeben und umrühren, gemeinsam abgedeckt 15 Minuten ziehen lassen und zwischendurch mit einer Gabel etwas auflockern. Eventuell mehr Olivenöl dazugeben. Dies lockert den Couscous ein wenig auf und er klebt nicht zusammen.

Inzwischen die Oliven halbieren und entsteinen. Die Salatgurke halbieren, der Länge nach sechsteln und leicht schräg in feine Streifen schneiden. Die Basilikum- und Petersilienblätter abzupfen, gemeinsam grob hacken.

Für das Pfannengemüse die Paprikaschoten von Samen und Trennwänden befreien, beide der Länge nach sechsteln. Die Zucchini der Länge nach in dünne Scheiben schneiden und diese dritteln.

Den Couscous erneut mit einer Gabel auflockern. Zu dem abgekühlten Couscous Limettensaft, Oliven, Gurke, 5 EL Olivenöl und hellen Balsamico-Essig sowie die gehackten Kräuter geben. Alles gut vermischen, mit Salz und Pfeffer abschmecken. Die Pistazien- und Pinienkerne ohne Fettzugabe kurz rösten, dann auf einem Teller auskühlen lassen. Die Kerne gründlich unter den Couscous mischen.

In derselben Bratpfanne 1 EL Kokosöl erhitzen und die Paprikastücke sowie die Zucchinischeiben darin anbraten, dabei bräunen. Dann das Gemüse salzen, mit dem Balsamico-Essig ablöschen und kurz einkochen lassen. Die Pfanne vom Herd nehmen und das Gemüse in eine Schüssel geben. Kurz auskühlen lassen. Zu dem noch lauwarmen Gemüse das Olivenöl sowie etwas Pfeffer geben und gut vermischen.

Das Gemüse auf Teller geben und den Limetten-Gurken-Couscous darauf anrichten. Mit Basilikumblättern sowie Pistazien- und Pinienkernen bestreuen, mit Balsamico-Essig beträufelt servieren.

Flexible Zutaten

schwarze Oliven › grüne oder rote Oliven (oder gar keine),
getrocknete Tomaten
Couscous › Bulgur (nach Packungsangabe garen)
Paprikaschoten › Pimientos de Padrón (grüne Bratpaprika)

GEBRATENER PAK CHOI MIT TEMPEH AUF SELLERIEPÜREE UND MARINIERTEM RHABARBER

FÜR DAS PÜREE

350 g Knollensellerie
150 g weichkochende
Kartoffeln
1 Stange Zitronengras
1 Lorbeerblatt
2 Kaffirlimettenblätter
Meersalz
100 ml Kokosmilch
frisch gemahlener
schwarzer Pfeffer

FÜR DEN RHABARBER

2–3 Stangen junger Rhabarber
2 Passionsfrüchte
2 EL Ahornsirup oder
Agavendicksaft
1 EL Traubenkern- oder
Walnusskernöl
1 EL Reisessig
Meersalz

FÜR DEN PAK CHOI
MIT TEMPEH

200 g Tempeh
2 EL Sojasauce
1 Spritzer Ahornsirup
1 EL Sesamöl
4 Stängel Thai-Basilikum
1 frische rote Chilischote
2 EL Kokosöl
4 Köpfe Mini-Pak-Choi, geputzt
50 ml Sojasauce
100 ml Apfelsaft
½ TL Misopaste

Den Sellerie und die Kartoffeln schälen, beides in grobe Stücke schneiden und in einen Topf geben. Die Zitronengrasstange mit dem Messerrücken zerdrücken und dazugeben. Den Topfinhalt mit kaltem Wasser bedecken, das Lorbeerblatt, die Kaffirlimettenblätter und ein wenig Salz hinzufügen. Alles zugedeckt zum Kochen bringen, dann köcheln lassen, bis das Gemüse gar ist.

Inzwischen die Rhabarberstangen am unteren Ende dünn schälen und die Stangen schräg in dünne Rauten schneiden. Die Passionsfrüchte halbieren, das Fruchtfleisch von 2 Hälften auskratzen. Rhabarberstücke in Ahornsirup, Reisessig und Öl sowie etwas Salz mit dem Fruchtfleisch von 1 Passionsfrucht in einer Schüssel marinieren. Die andere Frucht zum Garnieren beiseitestellen.

Nun den Tempeh in mundgerechte Stücke schneiden und in Sojasauce, Ahornsirup und Sesamöl 10 Minuten marinieren. Die Blätter vom Thai-Basilikum abzupfen und grob hacken. Die Chilischote halbieren, von Samen befreien und in dünne Streifen schneiden.

Den Tempeh in 1 EL heißem Kokosöl goldbraun braten. Herausnehmen und für den Pak Choi im selben Wok erneut 1 EL Kokosöl erhitzen. Die Mini-Pak-Choi-Köpfe darin rundherum scharf anbraten, dabei bräunen. Die Chilistreifen hinzufügen und kurz schwenken. Mit Sojasauce und Apfelsaft ablöschen. Die Misopaste dazugeben, alles gut vermischen und kurz einkochen lassen. Zum Schluss Thai-Basilikum, gebratene Tempehstücke und Sesamöl hinzugeben, kurz schwenken, mit Meersalz und Pfeffer abschmecken, beiseitestellen.

Von dem fertig gegarten Gemüse das Wasser abgießen und das Gemüse kurz ausdampfen lassen. Kaffirlimettenblätter, Lorbeerblatt und Zitronengras entfernen. Das Gemüse mit einer Gabel oder einem Stampfer zerstampfen. Die Kokosmilch dazugeben, nochmals kurz erhitzen und mit Salz und Pfeffer abschmecken. Das Püree sollte eine schöne stampfartige Konsistenz haben.

Gemeinsam mit dem warmen Pak Choi und dem Tempeh auf Tellern anrichten. Von der zweiten Passionsfrucht 1 Hälfte auskratzen, die andere gemeinsam mit dem marinierten Rhabarber auf Tellern anrichten. Das Ganze mit Bratsauce beträufelt und Zitronenpfeffer bestreut servieren.

2 EL Sesamöl
Meersalz
frisch gemahlener
schwarzer und
Zitronenpfeffer

FLEXIBLE ZUTATEN

Stampfgemüse › nur Kartoffeln oder nur Knollensellerie
Knollensellerie › Topinambur
Kartoffeln › Süßkartoffeln
Rhabarber › Gurkenscheiben mit Mangostücken oder Stangensellerie
Tempeh › Tofu, Seitan
Traubenkernöl › Nusskernöl, Kürbiskernöl
Passionsfrucht › weglassen

RECHTE & LINKE SEITE /
*»Nicht zu scharf, Yves!«, meinte
Iwan skeptisch. »Nein, nein«,
antwortete Yves und zwinkerte
Pascale schelmisch zu.*

SÜSSER FENCHEL-ANANAS-SALAT MIT HIMBEEREN

½ reife Ananas, geschält
2 Knollen Fenchel
1 Kumquat, alternativ grobe
Zesten von 1 unbehandelten
Orange
Saft von 1 Zitrone
Saft von 1 Orange
1 Handvoll Walnusskerne
2 Stängel frischer Dill
2 Stängel frische Minze
1 TL Agavendicksaft
150 g Himbeeren, plus
etwas mehr zum Garnieren
2 EL Sesamöl
2 EL Rapsöl
Meersalz
frisch gemahlener
schwarzer Pfeffer

Zwei Drittel der geschälten Ananas der Länge nach in 6–8 Stücke schneiden. Diese vom Strunk befreien. Die Stücke nun quer in feine Scheiben schneiden. Die restliche Ananas in dünne Scheiben schneiden, von diesen den Strunk ausstechen und für die Garnitur beiseitelegen. Den Fenchel halbieren, vom Strunk befreien und in möglichst feine Streifen schneiden oder raspeln. Das Fenchelgrün beiseitelegen. Die Kumquat in hauchdünne Scheiben hobeln und beiseitelegen. Die Ananasscheiben und die Fenchelstreifen in eine Schüssel geben.

Den Zitronen- und Orangensaft zum Salat in die Schüssel geben. Die Walnüsse mit der Hand oder einem Messer grob zerkleinern und zum Salat geben. Den Dill samt Stiel fein schneiden, dabei einige Dillspitzen zum Garnieren beiseitelegen. Die Minzeblätter abzupfen, fein hacken und gemeinsam mit dem Agavendicksaft sowie den restlichen Zutaten zum Salat geben. Alles vorsichtig vermischen, so dass die Himbeeren nicht zerdrückt werden. Mit Salz und Pfeffer leicht abschmecken und den Salat mindestens 15 Minuten, maximal jedoch 30 Minuten ziehen lassen.

Vor dem Servieren nochmals gut durchmischen und eventuell erneut abschmecken. Auf Tellern die dünnen Ananasscheiben als Boden schichten. Den Salat darauf anrichten. Die restlichen Himbeeren sanft mit den Händen teilen und den Salat damit garnieren. Mit etwas Fenchelgrün sowie Dillspitzen bestreut servieren.

FLEXIBLE ZUTATEN
Ananas › Mango, Äpfel, Birnen
Fenchel › Kohlrabi, Rote Bete, Gurke
Himbeeren › Beeren der Saison
Dill › Koriander, glatte Petersilie
Zitronensaft › trüber Apfel-, heller Balsamico-Essig

DIE HÜTTE

D ie Aussicht auf dem Weg durch den breiten Talboden ist atemberaubend. Wir fahren auf einer holprigen Sandstraße entlang eines fast ausgetrockneten Flusses. Abgesehen von ein paar weidenden Schafe gibt es kein Anzeichen für Zivilisation, die letzte Farm liegt schon einige Kilometer hinter uns. Wir fahren vorsichtig, die richtige Route ist kaum auszumachen. Die Straße teilt sich immer wieder. Sie führt einerseits über die Wiesen oder nimmt die Abkürzung über das Flussbett. Wir entscheiden uns intuitiv, über das Gras zu fahren, wo tiefe Fahrspuren das Land durchkreuzen. Ohne Geländewagen wären wir schon längst stecken geblieben. Obwohl wir genau diese Wege bewusst suchen, um abseits der großen Touristenströme zu reisen, ist uns auf dem unebenen Grund allen ein wenig mulmig zumute. Wir könnten so leicht mitten im Nirgendwo hängen bleiben.

Nach einer zweistündigen Fahrt erreichen wir unser Ziel. Am Berghang blinzelt eine kleine Wellblechhütte zwischen den Bäumen hervor. Sie ist viel

FOLGENDE SEITE / *Schon einmal probiert, ölige Pfannen mit kaltem Wasser sauber zu kriegen? Mit einem zugedrückten Auge fühlte es sich dann am Ende doch sauber an.*

RECHTE SEITE / *»Endlich einmal eine Nacht nicht im Zelt!«, rief Pascale und schwang jubelnd ihre Arme in die Luft.*

kleiner, als wir sie uns vorgestellt haben. Voller Freude springen wir jedoch aus dem Geländewagen und laufen die letzten Meter hoch zur Hütte. Vor dem Eingang liegt Brennholz bereit, ein wenig abgelegen steht ein kleines Toilettenhäuschen. Jedermann kann hier übernachten, eine kleine Spende ist erbeten. In der Hütte müffelt es, gelüftet hat hier schon länger niemand mehr. Heimelig ist es hier aber. Auf dem Holztisch stehen angebrannte Kerzen. Bei den Fenstern befindet sich eine winzige Arbeitsfläche, aber mit grandioser Aussicht auf das Tal. Wir tragen unser Material nach oben zur Hütte. Yves nimmt den Gaskocher aus dem Kofferraum und ruft Iwan zu: »Fängt so nicht jeder schlechte Horrorfilm an?«

Das Wetter verschlechtert sich langsam. Schon bald hören wir die ersten Regentropfen auf das rote Blechdach fallen. Der Duft von frisch gebrühtem Grüntee füllt die Hütte. »Spielen wir eine Runde Karten?«, fragt Daniela und packt schon das Karten-

deck aus. Dicke graue Wolken verhängen mittlerweile das ganze Tal, es regnet jetzt stärker. Plötzlich hören wir ein lautes Knacken, die Türklinke bewegt sich wie in Zeitlupe nach unten. Alle sind mucksmäuschenstill, wie versteinert schauen wir Richtung Eingang. Uns gehen die schlimmsten Horrorgeschichten durch den Kopf. Die Tür geht quietschend auf und eine freundliche Stimme sagt: »Hello guys!« Uns fällt ein Stein vom Herzen, als eine völlig durchnässte junge Frau vor uns steht. Rachel ist seit Wochen zu Fuß unterwegs und will sich in der Hütte von den Strapazen der Wanderung erholen. Sie ist eine aufgeweckte US-Amerikanerin. Sie erzählt uns den ganzen Abend von ihrer Reise alleine in der Wildnis und ist begeistert von unserem Kochbuchprojekt. Heute essen wir zu fünft. Sie ernährt sich normalerweise von Pasta und Haferflocken und kriegt sich vor Freude über so viel frisches Gemüse kaum wieder ein.

Am nächsten Morgen regnet es immer noch. Wir liegen alle im Bett, nur Yves steht vor dem Fenster und lacht: »Unser Auto schwimmt bald davon!« Der Fluss, gestern ein Bächlein, ist über Nacht zu einem reißenden Strom herangewachsen. »Wir müssen so schnell wie möglich aufbrechen, damit wir hier nicht festsitzen!«, meint Iwan und fängt an, seine Sachen zu packen. Noch viel nervöser als bei der Hinfahrt fahren wir den Fluss entlang zurück. An einigen Stellen ist die Straße komplett unter Wasser. Iwan watet immer wieder durch das Wasser, um die Tiefe abzuchecken. Das Auto ist komplett mit Schlamm bespritzt. Mit mehr Glück als Verstand schaffen wir es jedoch zurück zum Highway.

LINKE SEITE / *Nach der nassen Überraschung in der Hütte fuhren wir weiter Richtung Süden. Es folgte ein Highlight nach dem anderen. Hier beim Sonnenaufgang in der Nähe von Queenstown.*

BANANEN-ERDNUSS-EINTOPF MIT KARAMELLISIERTER BANANE UND MARINIERTEN ZUCKERSCHOTEN

2 Kochbananen
1 große Zwiebel, geschält
150 g Süßkartoffeln
3 Tomaten
1 Knoblauchzehe, geschält
1 EL Kokosöl
2 TL Kreuzkümmelsamen
1 TL Koriandersamen,
zerdrückt
2 EL Tomatenmark
100 ml Weißwein
600–800 ml Gemüsebrühe
2 TL Paprikapulver edelsüß
2 EL Sojasauce
2 Lorbeerblätter
1 Handvoll ungesalzene
Erdnusskerne
3–4 EL Erdnussbutter
100 ml Reisdrink
1–2 EL Sesamöl
Meersalz
frisch gemahlener
schwarzer Pfeffer
frisch geriebene Muskatnuss

FÜR DAS TOPPING
1 reife Banane
1 EL Kokosöl
1 Handvoll Zuckerschoten
etwas Sesamöl
Meersalz,
1 Spritzer Zitronensaft
½ Handvoll gesalzene
Erdnusskerne

Die Kochbananen schälen, der Länge nach halbieren und in grobe Stücke schneiden. Die Zwiebel halbieren und in grobe Würfel schneiden. Die Süßkartoffeln schälen und in grobe Würfel schneiden. Die Tomaten vom Stielansatz befreien und in grobe Würfel schneiden. Den Knoblauch in feine Scheiben schneiden.

Die Zwiebel in heißem Kokosöl dünsten. Knoblauch, Kochbananen und Süßkartoffeln dazugeben, einige Minuten mitdünsten. Kreuzkümmel- und Koriandersamen dazugeben, kurz mitdünsten. Das Tomatenmark hineingeben und alles gemeinsam bei höherer Temperatur 1–2 Minuten rösten. Die Tomaten ebenfalls kurz mitrösten. Mit dem Weißwein ablöschen und einkochen lassen. Mit der Gemüsebrühe aufgießen. Paprikapulver, Sojasauce, Lorbeerblätter und ½ Handvoll ungesalzene Erdnüsse hinzugeben. Alles 20–30 Minuten abgedeckt leicht köcheln lassen.

Inzwischen für das Topping die Banane schälen, schräg in Scheiben schneiden und in heißem Kokosöl langsam auf beiden Seiten goldbraun ausbraten, dann beiseitestellen. Die Zuckerschoten der Länge nach in ganz dünne Streifen schneiden und mit etwas Sesamöl, Salz und 1 Spritzer Zitronensaft marinieren.

Wenn der Eintopf bereits ein wenig eingedickt ist, die Erdnussbutter sowie den Reisdrink dazugeben. Alles erneut einige Minuten köcheln lassen. Zum Schluss 1–2 EL Sesamöl untermischen und mit Salz, Pfeffer, Muskatnuss abschmecken.

Den Eintopf auf Teller geben und mit den gebratenen Bananen, den restlichen gesalzenen Erdnüssen (½ Handvoll) und den marinierten Zuckerschotenstreifen garniert servieren.

FLEXIBLE ZUTATEN
Süßkartoffeln › weichkochende Kartoffeln, Wurzelgemüse
(etwa Knollensellerie, Rüben, Rote Bete …)
Erdnusskerne › Cashewkerne
Erdnussbutter › Nusscreme nach Wahl

ARTISCHOCKENGEMÜSE MIT DATTELN, GETROCKNETEN TOMATEN UND BASILIKUMPESTO

FÜR DAS PESTO

8 Stängel frisches Basilikum
1 Handvoll Sonnen-
blumenkerne
1 Knoblauchzehe, geschält
4–5 EL Olivenöl
Meersalz
frisch gemahlener
schwarzer Pfeffer

FÜR DAS GEMÜSE

4 frische Artischocken (oder
350 g Artischockenherzen
aus dem Glas)
4 große festkochende
Kartoffeln
1 Schalotte, geschält
8–10 getrocknete Tomaten
6–8 Datteln, entsteint,
plus mehr zum Garnieren
4 Stängel frische glatte
Petersilie
½ Handvoll Mandeln
3 EL Kokosöl
1 TL Paprikapulver edelsüß
1 EL Senf
Meersalz
frisch gemahlener
schwarzer Pfeffer
frisch geriebene Muskatnuss
½ Handvoll Pistazienkerne

Die Basilikumblätter abzupfen, fein hacken und in eine Schüssel geben. Die Sonnenblumenkerne möglichst fein hacken oder mörsern und zum Basilikum geben. Den Knoblauch sehr fein hacken oder mit einer Knoblauchpresse zum Basilikum pressen. Olivenöl dazugeben, mit Salz und Pfeffer abschmecken. Alles gut vermischen, dann beiseitestellen. (Alternativ alles in einem Mixer zu Pesto verarbeiten.)

Frische Artischocken putzen und die Herzen in sehr dünne Stücke schneiden (bzw. Artischockenherzen aus dem Glas abgießen und sechsteln). Die Kartoffeln waschen und gründlich abbürsten, dann in 5 mm kleine Würfel schneiden. Die Schalotte halbieren und in feine Scheiben schneiden. Die getrockneten Tomaten in dünne Streifen schneiden. Tomaten aus dem Glas in Öl zuvor abtropfen lassen. Die Datteln in kleine Würfel schneiden. Die Petersilienblätter abzupfen und fein hacken, dünnere Stiele dürfen dabeibleiben. Die Mandeln grob hacken oder zerdrücken.

Die Kartoffelwürfel in 2 EL heißem Kokosöl und bei niedriger Temperatur goldbraun ausbacken. Die fertig gebratenen Kartoffelwürfel auf Küchenpapier entfetten. Nun 1 weiterer EL Kokosöl in die Bratpfanne geben und die Zwiebeln sowie die Artischocken darin anbraten, dabei leicht bräunen. Die dünnen, frischen Artischockenstücke werden in 5–7 Minuten gar. Getrocknete Tomatenstreifen, Mandeln sowie die Datteln dazugeben, alles kurz schwenken. Dann das Paprikapulver sowie den Senf dazugeben. Alles 3–4 Minuten mitbraten.

Zum Schluss die Kartoffeln zurück in die Pfanne geben, die gehackte Petersilie hinzufügen, nochmals erhitzen und alles mit Salz, Pfeffer und etwas Muskatnuss abschmecken.

Den Pfanneninhalt auf einen großen Servierteller geben, mit dem Basilikumpesto beträufeln und mit den Pistazienkernen bestreuen. Die Datteln zum Garnieren klein schneiden und das Gemüse damit bestreuen.

FLEXIBLE ZUTATEN

Basilikumpesto › Pesto aus Petersilienblättern, Mischung aus verschiedenen Kräutern und gehackten Oliven mit Pinienkernen
Datteln › Trockenfrüchte nach Wahl

KOKOSLINSEN MIT AVOCADO-KARTOFFEL-SELLERIE-STAMPF

FÜR DEN STAMPF

300 g weichkochende
Kartoffeln
200 g Knollensellerie
Meersalz
6 getrocknete Aprikosen
1 reife Avocado
2 Handvoll frischer Spinat
frisch gemahlener
schwarzer Pfeffer
frisch geriebene Muskatnuss
1–2 EL Kokosöl

FÜR DIE KOKOSLINSEN

1 Schalotte, geschält
1 Stück (2 cm) frischer Ingwer
1 EL Kokosöl
150 g Puy-Linsen
350–400 ml Kokosmilch
150–200 ml Gemüsebrühe
2 Nelken
3 Kardamomkapseln
2 Pimentkörner, leicht
zerdrückt
1 TL getrockneter Thymian
⅓ TL Kurkumapulver
Meersalz
Maisstärke, nach Bedarf

ZUM GARNIEREN

1 Handvoll Sprossen
nach Wahl
2 getrocknete Aprikosen

Die Kartoffeln sowie den Knollensellerie schälen, in grobe Würfel schneiden und in gesalzenem Wasser bei geschlossenem Deckel weich kochen.

Inzwischen für die Kokoslinsen die Schalotte halbieren, in feine Würfel schneiden. Den Ingwer schälen und in feine Würfel schneiden. Die Schalotte in heißem Kokosöl dünsten. Nach 3–5 Minuten den Ingwer dazugeben und kurz mitdünsten. Die Linsen dazugeben und 1–2 Minuten mitdünsten. Dann die Kokosmilch und so viel Gemüsebrühe hinzufügen, dass die Linsen von Flüssigkeit bedeckt sind. Nelken, Kardamomkapseln, Pimentkörner, getrockneten Thymian, Kurkumapulver und etwas Salz dazugeben. Alles köcheln lassen, bis die Linsen gar sind. Eventuell etwas mehr Gemüsebrühe hinzufügen.

Inzwischen die getrockneten Aprikosen in dünne Streifen schneiden. Die Avocado halbieren, das Fruchtfleisch mit einem Löffel aus der Schale lösen und in kleine Würfel schneiden. Den Spinat verlesen, waschen und trocken schütteln.

Die fertig gegarten Kartoffel- und Selleriewürfel abgießen, ausdampfen lassen, zurück in die Pfanne geben und mit einer Gabel oder einem Stampfer grob zerdrücken. Mit Salz, Pfeffer, Muskatnuss sowie Kokosöl abschmecken. Die Aprikosenstücke, die Avocadowürfel sowie den frischen Spinat gründlich unterheben.

Wenn die Linsen gar sind, aber noch zu viel Flüssigkeit vorhanden sein sollte, diese mit sehr wenig Stärke abbinden. Die Linsen gut abschmecken und als Bett für den Stampf auf Tellern anrichten. Die getrockneten Aprikosen in Streifen schneiden und ebenso wie die Sprossen über die Teller streuen, servieren.

FLEXIBLE ZUTATEN

Kartoffeln › Süßkartoffeln, Topinambur
Knollensellerie › Pastinaken, Karotten
Puy-Linsen › andere relativ festkochende Linsen
getrocknete Aprikosen › Trockenfrüchte nach Wahl
Grün für den Stampf › Gartenkräuter nach Wahl

GEBRATENE ZUCCHINI
MIT BOHNEN-PILZ-RAGOUT
UND OLIVENPASTE

FÜR DAS RAGOUT

*160 g Borlotti- oder Kidney-
bohnen (getrocknet
oder aus der Dose)*
1 TL getrockneter Oregano
3–4 Knoblauchzehen, geschält
*300 g Pilze nach Wahl
(Kräuterseitlinge, Shiitake,
Champignons etc.)*
2 EL Kokosöl
*1 EL Vollkornmehl oder
Mehl, Type 405*
100 ml Weißwein
200 ml Gemüsebrühe
*3 Rosmarinzweige, plus
etwas getrockneter Rosmarin
zum Garnieren*
*100–150 ml Soja-, Cashew-,
Haferdrink oder Sojasahne*
*Mais- oder Kartoffelstärke zum
Abbinden, nach Bedarf*
Meersalz
*frisch gemahlener
schwarzer Pfeffer*
frisch geriebene Muskatnuss

FÜR DIE OLIVENPASTE

*100 g schwarze Oliven
(Kalamata)*
2 Stängel frisches Basilikum
1–2 EL heller Balsamico-Essig
3–4 EL Olivenöl
Meersalz
*frisch gemahlener
schwarzer Pfeffer*

Getrocknete Bohnen mindestens 12 Stunden oder über Nacht in reichlich kaltem Wasser einweichen. Vor der weiteren Verwendung abgießen und gründlich abspülen.

Die Bohnen mit reichlich Wasser bedecken (siehe Packungsangabe) und gemeinsam mit dem getrockneten Oregano zum Kochen bringen. Die Bohnen weich garen. Bohnen aus der Dose nur gründlich mit kaltem Wasser abspülen.

Inzwischen für die Olivenpaste die Oliven entsteinen, die Basilikumblätter abzupfen. Beides gemeinsam sehr fein hacken, dann in eine kleine Schüssel geben. Den hellen Balsamico-Essig sowie das Olivenöl dazugeben, die Paste mit Meersalz und Pfeffer abschmecken. Alles gut vermischen und beiseitestellen (kann auch im Mixer gemacht werden).

Die Knoblauchzehen in dünne Scheiben schneiden. Die Pilze in mundgerechte Stücke schneiden oder zupfen.

Die weich gegarten Bohnen abgießen, kurz ausdampfen lassen. In derselben Pfanne das Kokosöl erhitzen. Die Knoblauchscheiben darin leicht bräunen. Die Pilze dazugeben und mitbraten. Die Bohnen dazugeben und 2–3 Minuten mitschwenken. Den Pfanneninhalt mit dem Mehl bestäuben und klümpchenfrei einrühren. Alles mit dem Weißwein ablöschen und einkochen lassen. Nach und nach die Gemüsebrühe dazugeben, diese jeweils einkochen lassen.

Inzwischen die ganzen Zucchini in dem heißen Kokosöl rundherum bei niedriger Temperatur und zugedeckt in etwa 15 Minuten goldbraun braten. Nach Belieben die Zucchini dann mit dem Balsamico-Essig ablöschen, den Zucker und die Chiliflocken darüberstreuen und leicht karamellisieren lassen. Zum Schluss die Zucchini mit Meersalz und Pfeffer bestreuen, dann beiseitestellen.

Nun die Rosmarinnadeln abzupfen und fein hacken, einige Nadel zum Garnieren beiseitelegen. Den Rest gemeinsam mit dem veganen Drink in den Eintopf geben und alles einige Minuten eindicken lassen. Ist die Konsistenz zu wässrig, den Eintopf mit Mais- oder Kartoffelstärke leicht abbinden. Die Bohnen mit Salz, Pfeffer und Muskatnuss abschmecken.

Die gebratenen Zucchini auf Tellern anrichten, die Olivenpaste und etwas Bohnenragout darauf garnieren. Mit frischem und getrocknetem Rosmarin sowie mit Olivenöl beträufelt servieren.

2 mittelgroße Zucchini,
halbiert oder 4 Minizucchini
1 EL Kokosöl
100 ml Balsamico-Essig,
nach Belieben
1 EL Vollrohrrohzucker
1 Prise getrocknete Chili-
flocken, nach Belieben
Meersalz
frisch gemahlener
schwarzer Pfeffer

FLEXIBLE ZUTATEN
Borlottibohnen › andere bohnenartige Hülsenfrüchte
(nach Packungsangabe garen)
Basilikum › glatte Petersilie, Kerbel, Majoran, Oregano
Zucchini › Paprikaschoten

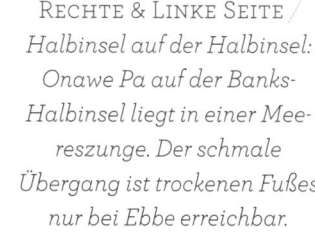

RECHTE & LINKE SEITE /
Halbinsel auf der Halbinsel:
Onawe Pa auf der Banks-
Halbinsel liegt in einer Mee-
reszunge. Der schmale
Übergang ist trockenen Fußes
nur bei Ebbe erreichbar.

KICHERERBSEN-ANANAS-CURRY MIT GEBRA-TENEN ANANASSCHEIBEN

160 g getr. Kichererbsen
1 große Zwiebel, geschält
300 g Ananas
je 1 Limette und Orange,
plus Limettenspalten
zum Garnieren
1 frische rote Chilischote
1 Stück (3 cm) frischer Ingwer
4 Stängel frischer Dill
1 Stange Zitronengras
1–2 TL Kreuzkümmelsamen
2 TL Fenchelsamen
1 TL Koriandersamen
2 EL Kokosöl
2 TL Currypulver
1 TL Kurkumapulver
1–2 TL Garam masala
(ind. Gewürzmischung)
400 ml Kokosmilch
300 ml Gemüsebrühe
Salz
frisch gemahlener
schwarzer Pfeffer
½ Banane, nach Belieben

Die Kichererbsen mindestens zwölf Stunden oder über Nacht in reichlich kaltem Wasser einweichen. Vor der weiteren Verwendung abgießen und gründlich abspülen.

Die Zwiebel halbieren und in 1 cm große Würfel schneiden. Die Ananas schälen und zwei Drittel des Fruchtfleischs in 2 cm große Stücke schneiden, den Strunk entsorgen. Den Rest in größere, dickere Scheiben schneiden. Die Limette und die Orange schälen und in 1 cm große Würfel schneiden. Die Chilischote halbieren, von Samen und Trennwänden befreien und in dünne Streifen schneiden. Den Ingwer in feine Streifen schneiden. Den Dill abzupfen und grob hacken. Die Zitronengrasstange mit dem Messerrücken zerdrücken.

Zwiebel, Kreuzkümmel-, Fenchel-, Koriandersamen und Zitronengras in 1 EL heißem Kokosöl 4–6 Minuten dünsten. Dann Ananas-, Orangen- und Limettenwürfel dazugeben und mitdünsten. Curry-, Kurkumapulver und Garam masala hinzufügen und alles 2 Minuten bei etwas höherer Temperatur rösten.

Nun Kokosmilch, Gemüsebrühe, Chilistreifen, etwas Salz und Pfeffer dazugeben. Die Kichererbsen im Sud in etwa 45 Minuten weich kochen. Nach Bedarf etwas mehr Brühe dazugeben.

Die Ananasscheiben in 1 EL heißem Kokosöl von beiden Seiten kross braten. Zum Schluss den gehackten Dill zum Curry geben. Für ein ganz anderes Geschmacksergebnis abschließend die Banane in Würfel schneiden und einrühren.

Mit frischen Dillspitzen sowie mit den gebratenen Ananasstücken belegt servieren. Nach Belieben Limettenspalten dazu reichen.

FLEXIBLE ZUTATEN
Kichererbsen › andere bohnenartige
Hülsenfrüchte (nach Packungsangabe garen)
Ananas › Mangos, Pfirsiche

KAROTTEN-WEISSKOHL-THORAN MIT PFLAUMEN-LINSEN UND JOGHURTDIP

FÜR DIE LINSEN
150 g Tellerlinsen
Meersalz
4–5 Trockenpflaumen, plus
mehr zum Garnieren
frisch gemahlener
schwarzer Pfeffer

FÜR DEN DIP
250 g Soja- oder Kokosjoghurt
2 Stängel frischer Koriander
½ frische rote Chilischote
1 Knoblauchzehe, geschält
1 EL Chiasamen
Meersalz
frisch gemahlener
schwarzer Pfeffer

FÜR DEN THORAN
1 Zwiebel, geschält
1 Knoblauchzehe, geschält
2 Karotten
¼ (etwa 150 g) Weißkohl
1 EL Kokosöl
1 TL Fenchelsamen
1 TL Kreuzkümmelsamen
1 TL gelbe Senfkörner
2 Nelken
1 EL indische Currypaste
(alternativ Currypulver)
1 TL Kurkumapulver
1 Prise frisch geriebene
Muskatnuss
2 Lorbeerblätter
½ TL getrocknete Chiliflocken

Die Linsen in leicht gesalzenem Wasser abgedeckt garen (siehe Packungsangabe). Die Pflaumen in kleine Würfel schneiden.

Für den Dip den Sojajoghurt in eine kleine Schüssel geben. Den Koriander samt Stiel fein hacken und dazugeben. Die Chilischote halbieren, von Samen und Trennwänden befreien und in feine Würfel schneiden. Die Knoblauchzehe ganz fein hacken und zum Joghurt geben. Chiasamen, Salz und etwas Pfeffer hinzufügen. Alles gut vermischen und beiseitestellen.

Für den Thoran die Zwiebel halbieren und ebenso wie den Knoblauch in dünne Scheiben schneiden. Die Karotten schälen, der Länge nach halbieren und schräg in dünne Scheiben schneiden oder grob raspeln. Den Weißkohl vom Strunk befreien und in möglichst feine Streifen schneiden oder grob raspeln.

Die Zwiebel und den Knoblauch in heißem Kokosöl dünsten. Fenchel- und Kreuzkümmelsamen, Senfkörner sowie die Nelken hinzugeben. Alles 2–3 Minuten mitdünsten. Die Karotten und den Weißkohl dazugeben, dann 3–5 Minuten unter ständigen Rühren bei leicht erhöhter Temperatur etwas bräunen. Indische Currypaste, Kurkumapulver, Muskatnuss, Lorbeerblätter und die Chiliflocken hinzugeben.

Das Ganze 1–2 Minuten schwenken. Achtgeben, dass nichts anbrennt. Die Kokosraspel dazugeben. Nach und nach mit etwas Gemüsebrühe ablöschen, einkochen lassen. Mit Salz und Pfeffer abschmecken, das Gemüse gar köcheln lassen. Dabei wie bei einem Risotto immer wieder etwas Gemüsebrühe angießen und einkochen lassen. Eventuell mehr Gemüsebrühe verwenden. Zum Schluss nochmals abschmecken, beiseitestellen.

Die weich gegarten Linsen abgießen und zurück in die Pfanne geben. Mit Salz und Pfeffer abschmecken, die Pflaumenwürfel hinzufügen und gut vermischen.

Den Thoran (übrigens ein südindisches Gericht) auf einem tiefen Teller neben den Linsen anrichten, mittig den Joghurtdip garnieren. Mit Trockenpflaumen und Kokosraspeln bestreut servieren.

100 g Kokosnussraspel, plus
etwas mehr zum Garnieren
300 ml Gemüsebrühe,
nach Bedarf mehr
Meersalz
frisch gemahlener
schwarzer Pfeffer
1 Handvoll getrocknete
Kokoschips
frisch geriebene Muskatnuss

FLEXIBLE ZUTATEN

Tellerlinsen › andere Linsen- oder Reissorten
Trockenpflaumen › Rosinen
Weißkohl › Karottenmenge erhöhen oder Ananas (sehr fruchtig)
Karotten › Weißkohlmenge erhöhen

LINKE & RECHTE SEITE /
*»Haaasiii!« Hier gab es so
viele hüpfende Nager ... Jedes
Mal, wenn wir einen entdeck-
ten, riefen wir einander begeistert wie die Kinder zu.*

MEDITERRANER BUCHWEIZEN MIT BALSAMICO-RADIESCHEN UND GRÜNEN BOHNEN

1 Schalotte, geschält
2 Zweige Rosmarin
1 EL Kokosöl
180 g Buchweizen
2 Lorbeerblätter
½ TL getrocknete Chiliflocken
1 EL getrocknete Petersilie
350 ml Gemüsebrühe
100 ml Kokosmilch
Meersalz
frisch gemahlener
schwarzer Pfeffer

FÜR DIE RADIESCHEN
5–7 Radieschen
200–250 g grüne
Stangenbohnen
3 Stängel frischer Thymian
3 Stängel frischer Oregano
1 EL Kokosöl
2–3 EL Vollrohrrohzucker
100 ml Balsamico-Essig
Meersalz
frisch gemahlener
schwarzer Pfeffer

ZUM GARNIEREN
würziges Olivenöl
frisch gekeimte Sprossen
oder Kresse

Die Schalotte halbieren und in kleine Würfel schneiden. Die Rosmarinnadeln abzupfen und fein hacken, beiseitestellen.

Die Schalotte in heißem Kokosöl glasig dünsten. Den Buchweizen dazugeben und mitdünsten. Lorbeerblätter, Chiliflocken und getrocknete Petersilie dazugeben. Köcheln lassen, dabei nach und nach wie bei der Zubereitung von Risotto mit etwas Gemüsebrühe aufgießen. Der Buchweizen sollte zum Schluss gar sein, aber noch leicht Biss haben.

Inzwischen die Radieschen sechsteln. Die Bohnen putzen und in der Mitte halbieren. Die Blätter vom Thymian und dem Oregano abzupfen und grob hacken. Die Radieschen sowie die Bohnen in heißem Kokosöl 3–5 Minuten dünsten. Den Zucker dazugeben und bei niedriger Temperatur schmelzen, leicht karamellisieren lassen. Mit dem Essig und 100 ml Wasser ablöschen. Dann alles köcheln lassen, bis die Sauce leicht eindickt. Eventuell etwas mehr Wasser hinzugeben. Zum Schluss den Thymian und den Oregano dazugeben und mit Salz und Pfeffer abschmecken.

Zu dem fertig gegarten Buchweizen die Kokosmilch und den gehackten Rosmarin geben, nochmals kurz köcheln lassen, bis der Buchweizen schön cremig ist. Mit Salz und Pfeffer abschmecken.

Den Buchweizen in tiefe Teller geben, das Gemüse rundherum und obenauf anrichten. Mit etwas Olivenöl beträufeln und mit frischen Sprossen garniert servieren

FLEXIBLE ZUTATEN
Buchweizen › Risottoreis, Linsen
Radieschen › Trauben
grüne Bohnen › Pak Choi, Zucchini oder Gurken
(jeweils in Sticks geschnitten)
Kräuter › nach Belieben

NASSE
UNTERHOSEN

Der Himmel ist verhangen, draußen ist alles nass und kalt. In einem gemütlichen Café in der kleinen Stadt Twizel auf der Südinsel Neuseelands tummeln sich die Reisenden. Auch wir sitzen mittendrin, unseren fast täglichen »Flat White« vor uns. Kurioserweise sind wir auf der gesamten Reise häufig mit gutem Kaffee gesegnet, in jedem noch so abgelegenen Roadhouse. Das Wetter zwingt uns, eine Projektpause einzulegen. Iwan kann bei dem Licht und dem Regen keine Rezeptfotos machen. Und Yves hat auch keine Lust, in brausendem Wind zu stehen und Rezepte auszutüfteln.

Um vier Uhr nachmittags werden plötzlich die Stühle hochgestellt, das Café schließt. Widerwillig gehen wir raus. Einige von uns sind schon wieder hungrig – nichts Ungewöhnliches. Wir gehen wieder an den See, Lake Tekapo, wo wir schon die letzte Nacht verbracht haben, und entschließen uns, in einem Wäldchen, im Schutz der Bäume, unser Lager zu errichten. Kurze Zeit später sitzen wir unter den aufgeklappten Dachzelten.

Gegen Abend bläst der Wind immer stärker, der Regen setzt wieder ein. Die Flamme des Kochers flackert schwach. Wir kochen Pasta oder versuchen es zumindest. Das Wetter ist auch hier gegen uns. Jede Minute fühlt sich wie eine Ewigkeit an, alle sind hungrig und frieren. Schließlich haben wir keine Geduld mehr und essen die Pasta »extra al dente«.

LINKE SEITE / *Ganz egal, wo wir waren, das Erste, wonach wir frühmorgens Ausschau hielten, war unser geliebter »flat white« oder »short black«. Neuseeland entpuppte sich als wahres Kaffee-Mekka.*

Eingepackt in dicke Jacken und Wollmützen starren wir nach dem Abwasch in den tropfenden Wald. So haben wir uns den Sommer in Neuseeland nicht vorgestellt. Es ist zu früh zum Schlafen, zu kalt und nass für irgendetwas anderes. Iwan beginnt plötzlich wie wild um die Bäume zu rennen. »Kommt auch«, winkt er die anderen herbei. Wie eine Entenfamilie verfolgen wir einander im Slalom durch die Bäume. Völlig außer Atem, aber schön aufgewärmt, setzen wir uns wieder ins Zelt. »Diese Nacht wird ungemütlich«, witzeln wir.

Kurz vor Mitternacht jammert Yves: »Kommt bei euch auch Wasser rein?« Unsere Matratze hat sich an den Rändern schon mit Wasser vollgesogen. Draußen regnet es immer noch. Wir versuchen die nasse Matte zu ignorieren, rutschen näher zusammen. »Das Wasser kommt immer näher«, bemerkt Iwan. Mittlerweile sind wir alle wieder wach, wenn überhaupt jemand ein Auge zugemacht hat. Einige Zeit später schreckt Yves wieder auf: »Sogar meine Unterhose ist schon

LINKE SEITE & UNTEN /
Vor allem auf der Südinsel ist das Wetter unberechenbar. Die Regenjacke sollte man immer griffbereit haben.

nass!« Wir fangen alle an zu lachen. Die Zelte sind mittlerweile klitschnass, die Nähte halten dem Dauerregen nichts entgegen.

Völlig durchnässt packen wir am nächsten Morgen unsere feuchten Sachen so gut es geht zusammen und fahren ins nächste Dorf. Wir verbringen den Tag wiederum in einem Café, die Lust auf Natur und Abenteuercamping ist uns erst mal vergangen.

WASSERMELONEN-SELLERIE-SALAT MIT GEBRATENEM SESAM-TEMPEH

200 g Wassermelone, geschält
1 Stange Sellerie
1 süßer Apfel (etwa Jonagold)
1 Schalotte, geschält
1 Stück (2–3 cm) frischer Ingwer
4 Stängel frischer Estragon,
plus mehr zum Garnieren
2 Stängel frischer Kerbel
1 Handvoll Mandeln
½ Handvoll Sonnenblumen-
kerne
1–2 EL Agavendicksaft
Saft von 2 Limetten
3–4 EL Erdnuss- oder
Sonnenblumenöl
Meersalz
frisch gemahlener
schwarzer Pfeffer

FÜR DEN TEMPEH
300 g Tempeh
1 EL Kokosöl
2 EL Sesamsamen
Saft von 1 Zitrone
3–4 EL Balsamico-Essig
2 EL Sesam- oder Erdnussöl
1 EL Agavendicksaft
Meersalz
frisch gemahlener
schwarzer Pfeffer

ZUM GARNIEREN
Limettenabrieb, nach Belieben
Sesamsamen, nach Belieben

Das Wassermelonenfruchtfleisch in 1,5 cm große Würfel schneiden. Den Stangensellerie putzen, dabei die Blätter zum Garnieren beiseitelegen, die Stangen schräg in dünne Scheiben schneiden. Den süßen Apfel halbieren, vom Kerngehäuse befreien und samt Schale in dünne Streifen oder Würfel schneiden. Alternativ grob reiben. Die Schalotte halbieren und in ganz feine Streifen schneiden. Den Ingwer schälen und grob reiben. Alle vorbereiteten Zutaten in eine Schüssel geben.

Die Estragonblätter und die Kerbelspitzen abzupfen, grob hacken und zum Salat in die Schüssel geben. Die Mandeln grob hacken und gemeinsam mit den Sonnenblumenkernen zum Salat geben. Dann Agavendick- und Limettensaft sowie das Erdnussöl dazugeben, alles mit Meersalz und Pfeffer abschmecken und gut vermischen.

Den Tempeh in 1,5 cm große Würfel schneiden und bei mittlerer Temperatur in heißem Kokosöl rundherum goldbraun braten. Die Sesamsamen dazugeben und kurz mitrösten. Mit dem Zitronensaft und dem Balsamico-Essig ablöschen. Kurz einkochen lassen, das Sesamöl und den Agavendicksaft hinzugeben, nochmals kurz erhitzen. Zum Schluss mit etwas Meersalz und Pfeffer abschmecken. Den Salat nochmals gut durchmischen und eventuell nochmals abschmecken.

Dann den Salat locker auf Tellern anrichten und die noch lauwarmen Tempehstücke über den Salat geben. Mit Sellerie- und Estragonblättern sowie nach Belieben mit Limettenabrieb und Sesamsamen garniert servieren.

FLEXIBLE ZUTATEN
Tempeh › Tofu, Seitan
Stangensellerie › Fenchelknollen, Karotten, Kohlrabi
Apfel › Birne, Nektarine, Aprikosen, Kirschen oder
weglassen und Wassermelonenmenge erhöhen

CASHEW-POLENTA AUF GEBRATENEM KÜRBIS UND TOMATEN-KAPERN-VINAIGRETTE

3 Knoblauchzehen, geschält
1 EL Kokosöl
1 Handvoll Cashewkerne
300–400 ml Gemüsebrühe
300–400 ml Cashew- oder
Sojadrink
Meersalz
frisch gemahlener
schwarzer Pfeffer
frisch geriebene Muskatnuss
1–2 EL mildes Senfpulver
180 g grobkörnige
Instant-Polenta
2–3 EL Cashewkerncreme

Für die Vinaigrette
1 Schalotte, geschält
12 Kirschtomaten
2 Stängel frisches Basilikum
50 g Kapern
3 EL Olivenöl
2 EL heller Balsamico-Essig
Meersalz
frisch gemahlener
schwarzer Pfeffer

Für den Kürbis
400 g Kürbis
1 EL Kokosöl
Meersalz
frisch gemahlener
schwarzer Pfeffer
2 TL getrockneter Oregano
frisch geriebene Muskatnuss
1 EL Agavendicksaft

Den Knoblauch mit der flachen Messerklinge leicht zerdrücken, dann in heißem Kokosöl langsam goldbraun rösten. Die Hälfte der Cashewkerne dazugeben und kurz mitrösten. Gemüsebrühe und Cashewdrink dazugeben, mit Salz, Pfeffer, Muskatnuss und dem Senfpulver abschmecken. Kräftig aufkochen. Nun die Polenta dazugeben und mit einem Rührbesen gründlich einrühren. Unter häufigem Rühren bei niedriger Temperatur die Polenta cremig weich kochen. Eventuell etwas mehr Flüssigkeit angießen. Dabei achtgeben, dass nichts am Boden anbrennt.

Inzwischen für die Vinaigrette die Schalotte halbieren, fein hacken und in eine Schüssel geben. Die Kirschtomaten vierteln und dazugeben. Die Basilikumblätter abzupfen und in feine Streifen schneiden. Gemeinsam mit Kapern, Olivenöl und Balsamico-Essig zu den Tomaten geben. Die Vinaigrette mit etwas Salz und Pfeffer abschmecken, gut vermischen und beiseitestellen.

Nun den Kürbis je nach Sorte und Belieben schälen, von den Kernen befreien und in 1–1,5 cm große mundgerechte Stücke schneiden. Diese in heißem Kokosöl rundherum bei mittlerer Temperatur goldbraun anbraten. Wenn der Kürbis gar ist, mit Salz, Pfeffer, getrocknetem Oregano, Muskatnuss und Agavendicksaft abschmecken, nochmals einige Minuten alles schwenken.

Zu der cremigen Polenta die Cashewkerncreme sowie die restlichen Cashewkerne geben, eventuell noch 1 kleinen Schluck Cashewdrink oder Gemüsebrühe hinzufügen und nochmals abschmecken, gut umrühren.

Die cremige Polenta auf einem Bett aus gebratenem Kürbis auf Tellern anrichten und die Tomaten-Kapern-Vinaigrette als Topping dazu garnieren. Mit Meersalz bestreut servieren.

Flexible Zutaten
Kürbis › roter oder gelbe Karotten, Zucchini, Kohlrabi, Knollensellerie, Rote Bete, Süßkartoffeln, Kartoffeln, Blumenkohl
Kapern › schwarze Oliven, getrocknete Tomaten, eingelegte Zwiebeln oder Knoblauch, Maispickle, klein gewürfelt

CHAI-ROTKOHL AUF DINKELTOAST MIT KARAMELLISIERTEN KERNEN

1 Beutel Sweet-Chai-Tee
350 g Rotkohl
2 Karotten
1 kleine Zwiebel, geschält
2 Birnen (etwa Conference)
½ frischer Maiskolben oder
100 g Mais aus der Dose
½ Handvoll frischer Estragon
1 EL Kokosöl
etwa 100 ml trüber Apfelessig
Meersalz
gemahlener schwarzer Pfeffer
frisch geriebene Muskatnuss
3–4 EL Rapsöl
1–2 EL Agavendicksaft oder
(nicht vegan) Honig
4 Scheiben Vollkorn-
Urdinkelbrot
2 EL Chiasamen

FÜR DIE KARAMELLI-SIERTEN KERNE
½ Handvoll Mandeln
½ Handvoll Sonnenblumen-
kerne
½ Handvoll Kürbiskerne
½ Handvoll Walnusskerne
2–3 EL Vollrohrrohzucker
2 TL Ras el-Hanout
oder Garam masala
(Gewürzmischungen)
Meersalz

Den Tee in 200 ml aufgekochtem Wasser 5–10 Minuten ziehen lassen.

Inzwischen den Rotkohl vom Strunk befreien und in ganz feine Streifen schneiden oder grob raspeln. Die Karotten schälen, halbieren und in ganz feine Scheiben schneiden oder ebenfalls raspeln. Die Zwiebel halbieren und in dünne Scheiben schneiden. Die Birnen vom Kerngehäuse befreien und in lange dünne Streifen schneiden. Eine Birne zum Garnieren beiseitelegen. Den Maiskolben schälen, halbieren und die Körner mit einem Messer herunterschneiden. Dosenmais abgießen und abspülen. Die Estragonblätter abzupfen und hacken.

Den Rotkohl in heißem Kokosöl gemeinsam mit den Zwiebeln 5–7 Minuten dünsten. Die Karotten und die Maiskörner 3–4 Minuten mitdünsten. Mit dem Apfelessig ablöschen und sanft einkochen lassen. Den Sweet-Chai-Tee dazugeben und alles köcheln lassen, bis die Flüssigkeit verkocht ist. Mit Salz, Pfeffer und Muskatnuss abschmecken, nochmals schwenken. In eine Schüssel geben und auskühlen lassen. Dann Rapsöl, Birnenstücke, Agavendicksaft sowie die Estragonblätter zu dem abgekühlten Kohl geben und den Kohl mindestens 2 Stunden ziehen lassen.

Anschließend die Brotscheiben langsam von beiden Seiten in einer heißen Pfanne ohne Fettzugabe toasten, auf einen Teller legen. Nun für die karamellisierten Kerne die Mandeln grob hacken, dann alle Nüsse und Kerne in derselben Pfanne bei mittlerer Temperatur langsam rösten. Zu dem gerösteten Mix bei niedriger Temperatur langsam den Zucker zugeben und ohne zu rühren karamellisieren. Dann kurz umrühren, die Gewürzmischung nach Wahl sowie etwas Meersalz dazugeben, kurz schwenken. Auf einem Teller auskühlen lassen.

Zum Schluss die Chiasamen zum Kohl geben. Eventuell nochmals mit Salz und Pfeffer abschmecken. Alles auf den Toasts anrichten. Den Nussmix darüberstreuen und mit Birnenstreifen toppen. Mit Meersalz und frisch gemahlenem Pfeffer bestreut servieren.

....

FLEXIBLE ZUTATEN
Rotkohl › Weißkohl | *Karotten* › Knollensellerie | *Birne* › Apfel
Brot › Fladenbrot von Seite 140 oder weglassen und
Nuss-/Kernmenge erhöhen

BABA GANOUSH AUS DER PFANNE MIT ZWIEBEL-DINKELFLADENBROT

FÜR DAS FLADENBROT

500 g Dinkelmehl
260–300 ml Wasser
20–30 g frische Hefe
½ EL Dattelsirup
30 ml Olivenöl, plus etwas
mehr zum Einölen
1 gute Prise Meersalz
½ rote Zwiebel, geschält
4–5 EL Kokosöl

ZUM DIPPEN

1 Handvoll Babykarotten
2 Stangen Sellerie

FÜR DAS BABA GANOUSH

30 ml Olivenöl
2 mittelgroße Auberginen
3–4 Knoblauchzehen, geschält
15 schwarze Oliven
(Kalamata), entsteint
4 Stängel glatte Petersilie
2 Tomaten
¼ Gurke
2–3 EL Kokosöl
Saft von 1 Zitrone
2 TL Paprikapulver, plus etwas
mehr zum Garnieren
2 TL Kreuzkümmelpulver
½ TL getrocknete Chiliflocken
4–5 EL Tahini (Sesampaste)
3 EL Olivenöl, plus etwas
mehr zum Garnieren

Für das Fladenbrot Mehl, Wasser, Hefe, Dattelsirup, Olivenöl und 1 gute Prise Salz zu einem geschmeidigen Teig verarbeiten. Die rote Zwiebel halbieren und in möglichst feine Würfel schneiden, daruntermischen. Eventuell etwas mehr Mehl oder Wasser hinzufügen. Den Teig mit einem Tuch abdecken und etwa 30 Minuten gehen lassen, bis er sein Volumen verdoppelt hat.

Inzwischen die Babykarotten schälen und inklusive etwas Grün halbieren. Den Sellerie vom Strunk befreien und am unteren Ende die Fäden mit einem Messer oder einem Sparschäler entfernen. Den Sellerie in 4–5 cm lange Sticks schneiden, nach Belieben zuvor der Länge nach halbieren.

Etwas Olivenöl auf einen Teller geben und mit der Hand verteilen. Den aufgegangenen Teig zu 4–5 kleinen Kugeln formen und leicht einölen. Mit Klarsichtfolie abdecken und weitere 30 Minuten gehen lassen. Nun für das Baba Ganoush (orientalische Auberginencreme) die Auberginen schälen und in möglichst feine Würfel schneiden. Den Knoblauch fein hacken. Die Oliven in kleine Stücke schneiden oder grob hacken. Die Petersilienblätter abzupfen und fein hacken. Die Tomaten vierteln, von Strunk und Samen befreien, in feine Würfel schneiden. Die Gurke schälen, der Länge nach halbieren, von Kernen befreien und in ganz feine Würfel schneiden.

Die Auberginenwürfel in heißem Kokosöl bei mittlerer Temperatur in 10–12 Minuten leicht bräunen. Den Knoblauch sowie die Tomaten 3–4 Minuten mitbraten. Nun den Zitronensaft dazugeben. Oliven, Paprika-, Kreuzkümmelpulver sowie die Chiliflocken dazugeben und alles einige Minuten weiter köcheln lassen. Mit Salz, Pfeffer und Muskatnuss abschmecken, nochmals gut durchmischen. Dann alles in einer Schüssel auskühlen lassen. Nach etwa 10 Minuten Gurkenstücke, Tahini, Olivenöl, gehackte glatte Petersilie sowie den Joghurt hinzufügen, gut vermischen und eventuell nochmals abschmecken.

Nun je 1 Teigkugel mit der Hand vorsichtig etwas flach drücken und auf allen Seiten auseinanderziehen, bis der Teig maximal 5 mm dünn ist. Diesen in etwa 1 EL heißem Kokosöl bei niedriger Temperatur und bei geschlossenem Deckel (falls vorhanden) beidseitig goldbraun ausbacken. Die restlichen Teigkugeln ebenso verarbeiten (am besten im Ofen warm halten).

150–200 g Kokos- oder
Sojajoghurt
Meersalz
frisch gemahlener
schwarzer Pfeffer
frisch geriebene Muskatnuss
frische Oreganoblätter
zum Garnieren

Das Baba Ganoush mit Paprikapulver bestreuen sowie mit Olivenöl beträufeln. Zu dem Fladenbrot (mit frischen Oreganoblättern bestreuen) und mit den Gemüsesticks servieren.

FLEXIBLE ZUTATEN

schwarze Oliven › getrocknete Tomaten, Kapern
Gurke › Paprikaschote
Tahini › (vegane) Nusscreme nach Belieben

LINKE & RECHTE SEITE /
Warme Strände sucht man auf der Südinsel fast vergebens. Es sei denn, man ist im Abel-Tasman-Nationalpark an der Nordküste unterwegs. Dort fühlt sich das Klima schon fast tropisch an.

HÜLSENFRÜCHTETOPF
MIT REIS UND
RÖSTZWIEBELTOPPING

100 g Mungbohnen
1 große rote Zwiebel, geschält
3 Knoblauchzehen, geschält
200 g Blumenkohl
2 Stängel frischer Dill, plus
Dillspitzen zum Garnieren
2 Stängel frische glatte
Petersilie
1 EL Kokosöl
100 g rote Linsen
100 g Naturreis oder
Brauner Reis
1,3 l Gemüsebrühe
2 Lorbeerblätter
4 Wacholderbeeren, zerdrückt
4 Pimentkörner, zerdrückt
2 Nelken
1 TL getrocknete Chiliflocken
2 EL Paprikapulver edelsüß
1 TL getrockneter Majoran
Meersalz
frisch gemahlener
schwarzer Pfeffer
100 ml Reisdrink
frisch geriebene Muskatnuss

FÜR DIE RÖSTZWIEBELN
2 große rote Zwiebeln, geschält
2 EL Dinkelmehl
1 TL Maisstärke
Meersalz
2 EL Kokosöl
Saft von ½ Zitrone

Die Mungbohnen mindestens 4 Stunden in reichlich kaltem Wasser einweichen. Vor der weiteren Verwendung die Bohnen abgießen und gründlich abspülen.

Die rote Zwiebel halbieren und in kleine Würfel schneiden. Die Knoblauchzehen in grobe Scheiben schneiden. Den Blumenkohl in mittelgroße Röschen brechen oder schneiden. Den Dill und die Petersilie samt Stiel fein hacken, beiseitelegen.

Die Zwiebel und den Knoblauch in heißem Kokosöl 3–4 Minuten dünsten. Den Blumenkohl dazugeben und mitdünsten. Mungbohnen, Linsen und den Reis dazugeben, alles 1–2 Minuten mitdünsten. Mit zwei Drittel der Gemüsebrühe auffüllen und alles zum Kochen bringen. Lorbeer- und Wacholderbeeren, Pimentkörner, Nelken, Chiliflocken, Paprikapulver, getrockneten Majoran sowie etwas Salz und Pfeffer hinzufügen. Wie bei der Zubereitung von Risotto nach und nach weitere Brühe angießen und jeweils köcheln lassen, bis die Bohnen weich sind und die Flüssigkeit aufgesogen wurde.

Inzwischen für die Röstzwiebeln die Zwiebeln halbieren und in feine Scheiben schneiden. Diese mit Dinkelmehl, Maisstärke und etwas Salz bestreuen und gut vermischen. Die Zwiebeln langsam in heißem Kokosöl goldbraun ausbacken. Mit dem Zitronensaft leicht beträufeln. Die Zwiebeln aus der Pfanne nehmen und auf Küchenpapier legen.

Zum Schluss den Reisdrink sowie die frisch gehackten Kräuter in den Eintopf geben und 2–3 Minuten köcheln lassen. Der Eintopf sollte leicht cremig sein. Mit Salz, Pfeffer und Muskatnuss abschmecken und in tiefen Tellern anrichten. Die Röstzwiebeln darüberschichten. Mit Dillspitzen und grob gemahlenem Pfeffer bestreut servieren.

FLEXIBLE ZUTATEN
Rote Linsen › Linsensorte nach Wahl
Naturreis oder Brauner Reis › Reissorte nach Wahl
Mungbohnen › bohnenartige Hülsenfrüchte nach Wahl
(Einweichzeit siehe Packungsangabe)
Blumenkohl › Karotten, grüne Bohnen, Knollensellerie,
Kürbis, Saisongemüse
Dill › glatte Petersilie

BOHNENSTAMPF MIT GESCHMORTEN TOMATEN, SPINAT UND SONNENBLUMENKERNEN

FÜR DEN STAMPF

400 g Schwarze Bohnen
1 Bund frischer Thymian,
plus einige Blätter zum
Garnieren
½–1 Handvoll Kakaonibs
½ TL Akazienhonig oder
(nicht vegan) Honig
etwas leicht gesalzene
Gemüsebrühe
Meersalz

1 Zwiebel, geschält
2 Frühlingszwiebeln
1 Handvoll Mandeln
1 Vanilleschote
400 g Spinat
1 EL Kokosöl
15 Kirschtomaten
½ TL Vollrohrrohzucker
Meersalz
frisch gemahlener
schwarzer Pfeffer
frisch geriebene Muskatnuss

Die Bohnen über Nacht mindestens 12 Stunden in kaltem Wasser einweichen. Vor der weiteren Verwendung die Bohnen abgießen und gründlich abspülen.

Die Bohnen mit reichlich Wasser bedecken (siehe Packungsangabe) und mit der Hälfte des Thymians in etwa 60 Minuten sehr weich kochen, so dass sie fast zerfallen.

Inzwischen die Zwiebel halbieren und in dünne Scheiben schneiden. Die Frühlingszwiebeln ganz fein in schräge Röllchen schneiden. Dabei das Grüne vom Weißen trennen. Die restlichen Thymianblätter abzupfen. Die Mandeln grob hacken oder in einem Mörser etwas zerdrücken. Die Vanilleschote der Länge nach halbieren und das Mark herauskratzen. Den Spinat verlesen, waschen und trocken schütteln.

Die Zwiebeln und das Weiße der Frühlingszwiebeln in heißem Kokosöl dünsten. Nach ein paar Minuten die Kirschtomaten hinzufügen und einige Minuten lang immer wieder die Pfanne schwenken. Das Vanillemark und die halbierte Schote hinzugeben. Alles schwenken, bis die Kirschtomaten leicht aufplatzen. Den Spinat hinzufügen und alles 2–3 weitere Minuten schwenken. Das Grüne der Frühlingszwiebeln, Zucker und Mandeln dazugeben. Mit Salz, Pfeffer und Muskatnuss abschmecken. Beiseitestellen.

Das Wasser der weich gegarten Bohnen abgießen, dabei etwas davon auffangen. Die Bohnen mit einem Stampfer oder einer Gabel zu Stampf verarbeiten. Eventuell ganz wenig Brühe dazugeben, falls die Masse zu zäh ist. Sie sollte dick, aber dennoch leicht cremig sein. Die Kakaonibs sowie die verbliebenen Thymianblätter und den Akazienhonig zum Bohnenstampf geben. Alles mit Salz abschmecken.

Den Spinat zu einem Bett für die Vanille-Tomaten drehen, die Tomaten obenauf anrichten. Nach Belieben mit der ausgekratzten Vanilleschote dekorieren. Den Bohnenstampf mit Thymianblättern bestreut servieren.

FLEXIBLE ZUTATEN

Schwarze Bohnen › andere bohnenartige Hülsenfrüchte
(nach Packungsangabe garen)
Mandeln › andere (Nuss-)Kerne

GERSTENRISOTTO MIT PILZEN, KRÄUTERN UND FENCHELSALAT

FÜR DEN RISOTTO
200 g Rollgerste
1 Zwiebel, geschält
3 Knoblauchzehen, geschält
1 kleine Knolle Fenchel
200 g frische Pilze (etwa
Shiitake, Kräuterseitlinge,
Champignons)
3 Zweige Rosmarin
2 EL Kokosöl
1 TL Fenchelsamen
100 ml Weißwein
1–2 TL mildes gelbes Senfpulver
500–600 ml Gemüsebrühe
Meersalz
frisch gemahlener
schwarzer Pfeffer
frisch geriebene Muskatnuss
200 ml Kokosmilch

FÜR DEN FENCHELSALAT
1 kleine Knolle Fenchel
Saft von 1 Zitrone
3 Stängel frische glatte
Petersilie
2 EL Rapsöl
1 TL grobkörniger Senf
⅓ TL Wasabipaste
Meersalz
frisch gemahlener
schwarzer Pfeffer

ZUM GARNIEREN
1 Handvoll Heidelbeeren
einige Petersilienblätter

Die Rollgerste 2–4 Stunden in kaltem Wasser einweichen. Danach abgießen und gut abtropfen lassen.

Die Zwiebel halbieren und in kleine Würfel schneiden. Den Knoblauch mit der flachen Seite des Messers zerdrücken. Die Fenchelknolle halbieren, vom Strunk befreien und in kleine Würfel schneiden. Die Pilze in Scheiben schneiden. Die Rosmarinnadeln abzupfen und fein hacken.

Die Zwiebel und den Knoblauch in 1 EL heißem Kokosöl dünsten, dabei leicht bräunen. Die Fenchelwürfel mit den Fenchelsamen dazugeben und einige Minuten mitdünsten. Nun die Rollgerste dazugeben, 2–3 Minuten mitdünsten. Mit Weißwein ablöschen und sanft einkochen lassen. Das Senfpulver dazugeben und alles nach und nach unter ständigem Rühren mit der Gemüsebrühe auffüllen.

Inzwischen für den Salat die Fenchelknolle halbieren und in möglichst feine Streifen schneiden. Den Zitronensaft darübergeben. Die Petersilienblätter abzupfen und grob hacken. Rapsöl, grobkörnigen Senf, Wasabipaste, Salz, Pfeffer und die gehackte Petersilie hinzufügen. Alles gut vermischen und beiseitestellen.

Die Pilze in 1 EL heißem Kokosöl scharf anbraten. Mit Salz, Muskatnuss und wenig Pfeffer abschmecken.

Die fast fertig gegarte Rollgerste mit Kokosmilch aufgießen, alles einige weitere Minuten köcheln lassen. Der Risotto sollte leicht cremig sein. Zum Schluss den gehackten Rosmarin dazugeben und eventuell nochmals abschmecken.

Den Rollgerstenrisotto in tiefen Tellern anrichten, mit den Pilzen und dem Fenchelsalat als Topping belegen. Mit den Heidelbeeren sowie etwas Petersilie garniert servieren.

FLEXIBLE ZUTATEN
Rollgerste › Risottoreis oder Buchweizen
Fenchel › Knollensellerie, Karotten, Rote Bete, Stangensellerie,
Süßkartoffeln, Mangold, Zucchini, Tomaten

EINE TIERISCHE FAHRT

Die einsame Hügellandschaft Akaroas wird vom Mond beschienen. Straßenbeleuchtung gibt es hier keine – wie so oft in Neuseeland. Wir sind unterwegs zu unserem auserkorenen Schlafplatz an einer Bucht. Gerade erst waren wir auf dem höchsten Punkt der Halbinsel, nun geht es runter auf Meereshöhe. Langsam steigt Nebel aus den Tälern und wird immer dichter.

Iwan schaut konzentriert geradeaus, die Straße ist kaum noch zu erkennen. Plötzlich steigt er auf die Bremse, alle hängen in ihren Gurten: Ein Hase läuft direkt in die Fahrbahn. Wir stehen still, der Hase schaut uns an. Iwan fährt langsam weiter, versucht den Hasen von der Straße zu scheuchen. Dieser rennt los. Am Straßenrand angekommen schlägt er einen Haken und hoppelt in die andere Richtung – quer über die Straße. Bleiben wir stehen, hält er an, fahren wir, hoppelt er im Scheinwerferlicht hin und her. So als gehöre die gesamte Straße ihm allein. Daniela steigt aus und treibt ihn in den Wald. Kaum ist sie wieder eingestiegen, steht er erneut vor uns. Nach langem Hin und Her verschwindet er im hohen Gras. Wir können die Fahrt fortsetzen.

Augenblicke später bewegt sich erneut etwas am Straßenrand. Diesmal etwas viel Größeres. Nervös versucht ein Schaf über den Zaun zurück auf die Wiese zu springen. Das verwirrte Tier springt uns direkt vor das Auto, als wir näher kommen. Im Zickzack-

LINKE SEITE / *»Achtung, der Stier kommt!«, versuchte Iwan die anderen zu erschrecken. Auf der Banks-Halbinsel wanderten wir auch mal über Kuhweiden.*

sprung haben wir nun also ein Schaf vor uns. Verängstigt weiß es nicht, wohin es gehen soll. Wir steigen aus, wollen es einfangen und über den Zaun heben. Immer wieder entwischt es uns. Wir geben auf und lassen das Schaf in Ruhe. Vorsichtig fahren wir an ihm vorbei. »Der Bauer wird es schon finden, vielleicht auch nicht«, denken wir uns. Auf welcher Seite des Zauns es wohl die längere Lebenserwartung hat?

»Kommt als Nächstes eine Entenfamilie?«, fragt uns Yves schmunzelnd. Alle starren gespannt durch die Frontscheibe. Fast am Ziel angekommen sehen wir schon von Weitem etwas Dunkles auf der Straße. Wir trauen unseren Augen nicht. Da watschelt doch wirklich eine Ente direkt vor uns. Wir schauen uns ungläubig an und brechen prustend in Gelächter aus.

Unten & Rechte Seite /
*Ob wir in dieser Nacht
wohl eines dieser Schafe
gesehen haben?*

SAFRANRISOTTO MIT TOPPING AUS STANGENSELLERIE, LIMETTEN UND DILL

1 kleine Zwiebel, geschält
2 Karotten
2 Stängel frischer Dill
1 EL Kokosöl
140 g Risottoreis (Arborio)
100–150 ml Weißwein
1 Prise Safranfäden
800 ml Gemüsebrühe
200 ml Mandelmilch
2–3 EL Mandelmus
Saft von 1 großen Limette
Meersalz
frisch gemahlener
schwarzer Pfeffer
frisch geriebene Muskatnuss

FÜR DAS TOPPING
100 g Stangensellerie
1 rote Paprikaschote
3 Stängel frisches Basilikum
2 Stängel frischer Koriander
1 Handvoll Pinienkerne
3 EL Sonnenblumenöl
2–3 EL trüber Apfelessig
Meersalz
frisch gemahlener
schwarzer Pfeffer
1 Handvoll Mungbohnen-
sprossen oder andere Sprossen

ZUM GARNIEREN
1 unbehandelte Limette
Safran- oder Chilifäden

Die Zwiebel halbieren und fein hacken. Die Karotten schälen und in 5 mm große Würfel schneiden. Den Dill samt Stiel grob hacken und beiseitestellen.

Die Zwiebel in heißem Kokosöl glasig dünsten. Die Karotten dazugeben und einige Minuten mitdünsten. Den Risottoreis ebenfalls dazugeben und 2–3 Minuten mitdünsten. Mit Weißwein ablöschen und sanft einkochen lassen. Ist die Flüssigkeit verkocht, die Safranfäden dazugeben. Nach und nach unter ständigem Rühren mit der Gemüsebrühe aufgießen, jeweils einkochen lassen. Der Risottoreis sollte noch bissfest, aber fast gar sein. Eventuell mehr Gemüsebrühe angießen.

Inzwischen für das Topping den Stangensellerie putzen und mit einem Sparschäler ganz fein abziehen, so dass lange dünne Streifen entstehen. Damit diese schön knackig werden, etwa 10 Minuten in Eiswasser legen. Die Paprikaschote halbieren, von Samen und Trennwänden befreien und in feine Streifen schneiden. Die Basilikumblätter abzupfen und grob hacken. Die Korianderblätter abzupfen. Stangenselleriestreifen, Paprika, gehacktes Basilikum, Korianderblätter und Pinienkerne in einer Schüssel mit Sonnenblumenöl, Apfelessig, Salz und Pfeffer vermischen. Die Sprossen dazugeben und beiseitestellen.

Wenn der Risottoreis noch bissfest ist, die Mandelmilch sowie das Mandelmus hinzugeben und nochmals einige Minuten köcheln lassen. Der Risotto sollte cremig sein. Zum Schluss den Limettensaft und den gehackten Dill dazugeben, nochmals umrühren.

Die Limette zum Garnieren in dünne Scheiben schneiden und scharf anbraten. Den Risotto mit Salz, Pfeffer und Muskatnuss abschmecken, in tiefen Tellern servieren. Das frische Topping obenauf anrichten oder separat dazu reichen. Mit Limettenscheiben und Safran- oder Chilifäden garniert servieren.

FLEXIBLE ZUTATEN
Karotten › Wurzelgemüse nach Wahl
Safranfäden › 2 Handvoll frisch gehackte Gartenkräuter
(erst zum Schluss dazugeben)
Paprikaschote › Gurke, Granatapfelsamen, Trauben,
in Stücke geschnitten

WARMER REIS-ROSENKOHL-SALAT AUF GEBRATENEM BLUMENKOHL

FÜR DEN SALAT

1 Zwiebel, geschält
6–8 Köpfe Rosenkohl
150–200 g grüne Bohnen
½ Granatapfel
1 EL Kokosöl
150 g Wildreismix
350 ml Gemüsebrühe,
plus etwas mehr für den
Blumenkohl
2 Zweige frischer Rosmarin
Meersalz
3 EL heller Reis- oder
Balsamico-Essig
3 EL Olivenöl
1 TL Agavendicksaft

FÜR DEN BLUMENKOHL

½ Kopf Blumenkohl
1 kleine rote frische Chilischote
1–2 EL Kokosöl
Meersalz
frisch gemahlener
schwarzer Pfeffer
½ Handvoll ungesalzene
Pistazienkerne
100 ml Reis- oder Weißwein
2–3 EL Tahini (Sesampaste)
1 TL getrockneter Oregano
1–2 EL Sojasauce
1 EL Sesamöl
frisch geriebene Muskatnuss

Die Zwiebel halbieren und in feine Würfel schneiden. Den Rosenkohl putzen und vierteln. Die grünen Bohnen putzen und in der Mitte schräg halbieren. Vom Granatapfel die Samen auslösen.

Die Zwiebel und den Rosenkohl in heißem Kokosöl 5 Minuten dünsten, dabei leicht bräunen. Den Reis dazugeben, kurz mitdünsten und mit der Gemüsebrühe aufgießen. Die Rosmarinzweige dazugeben, alles leicht salzen und zugedeckt köcheln lassen. Nach 15–20 Minuten die grünen Bohnen hinzufügen, eventuell noch etwas Brühe angießen. Das Wasser soll am Ende komplett vom Reis aufgesogen sein. Weiter köcheln lassen, bis der Reis gar ist. Dann den Pfanneninhalt in eine kalte Schüssel umfüllen und etwa 10 Minuten ausdampfen lassen.

Inzwischen den Blumenkohl in möglichst dünne Scheiben schneiden. Die Stücke können je nach Größe des Blumenkohls ganz unterschiedlich sein. Kleine Röschen halbieren. Die Chilischote halbieren, von Samen befreien und in feine Würfel schneiden.

Den Blumenkohl rundherum in heißem Kokosöl goldbraun ausbacken, dabei leicht mit Salz und Pfeffer bestreuen. Die Pistazienkerne und die Chiliwürfel 1–2 Minuten mitschwenken. Mit dem Reiswein ablöschen und sanft einkochen lassen. Tahini, getrockneten Oregano, Sojasauce, Sesamöl und etwas Gemüsebrühe hinzufügen. Kurz einkochen lassen und mit Meersalz, Pfeffer sowie etwas Muskatnuss abschmecken.

Nun Granatapfelsamen (einige zum Garnieren beiseitelegen), Essig, Olivenöl sowie den Agavendicksaft zum abgekühlten Reis geben. Alles mit Salz abschmecken.

Auf Tellern aus den Blumenkohlscheiben ein Bett für den Reis anrichten, dabei die Rosmarinzweige entsorgen. Den Salat darauf schichten. Die Passionsfrucht halbieren, das Fruchtfleisch auskratzen und mit etwas Agavendicksaft und ganz wenig Salz abschmecken, leicht verquirlen und über den Salat träufeln. Das Grün der Frühlingszwiebel in feine Ringe schneiden. Alles mit Rosenkohlblättern, Granatapfelsamen und Frühlingszwiebelringen bestreut servieren.

ZUM GARNIEREN

1 Passionsfrucht
Agavendicksaft
Meersalz
1 Frühlingszwiebel
frische oder blanchierte
Rosenkohlblätter

FLEXIBLE ZUTATEN

Reis › jegliche Linsensorten (nach Packungsangabe garen)
Rosenkohl › Pastinaken oder Karotten, in Würfel geschnitten
grüne Bohnen › Zuckerschoten
Passionsfrucht › Kapern
Granatapfelsamen › Trauben, in Stücke geschnitten oder
reife Kirschtomaten, geviertelt

LINKE & RECHTE SEITE /

Zu viert fünf Wochen am Stück draußen unterwegs zu sein war nicht immer einfach. Aber wir konnten uns oft auch über die kleinen Dinge amüsieren. In solchen Momenten konnte es passieren, dass Pascale vor Lachen fast die Zahnpasta aus der Nase prustete.

BUNTE GEMÜSETÜRMCHEN MIT DATTEL-ZIMT-SAUCE UND SAUREM APFEL

2 Knollen Rote Bete
2 Nelken
2 Lorbeerblätter
3 TL Fenchelsamen, zerdrückt
½ TL Kreuzkümmelpulver
3 Sternanis
1 TL Zimtpulver
Meersalz
4 große festkochende
Kartoffeln
3 EL Kokosöl
2–3 TL Currypulver
2 TL Paprikapulver edelsüß
frisch gemahlener
schwarzer Pfeffer
frisch geriebene Muskatnuss

FÜR DIE SAUCE

6 Datteln, entsteint
1 großer grüner Apfel
(etwa Granny Smith)
3–4 EL Vollrohrrohzucker
10 ml Balsamico-Essig
Meersalz
Fenchelsamen zum
Garnieren

Die Roten Beten schälen und quer in 1 cm dicke Scheiben schneiden. Diese mit 400–500 ml Wasser so aufgießen, dass alles bedeckt ist. Nelken, Lorbeerblätter, Fenchelsamen, Kreuzkümmelpulver, Sternanis, Zimt und etwas Salz dazugeben. Alles zum Kochen bringen, dann zugedeckt köcheln lassen, bis die Rote-Bete-Scheiben weich sind.

Inzwischen für die Sauce die Datteln in kleine Würfel schneiden. Den Apfel in dünne Scheiben schneiden und dann mit einem runden Ausstecher das Kerngehäuse in den einzelnen mittleren Scheiben entfernen. Falls vorhanden, vor dem Aufschneiden einen Apfelentkerner verwenden.

Die Kartoffeln waschen, abbürsten und ungeschält in 5 mm dünne Scheiben schneiden. Die Kartoffeln bei niedriger bis mittlerer Temperatur langsam von beiden Seiten in heißem Kokosöl goldbraun ausbacken. Falls vorhanden, einen Deckel auflegen, eventuell portionsweise arbeiten. Die fertig gegarten Kartoffelscheiben mit Curry- und Paprikapulver, Meersalz, Pfeffer und Muskatnuss bestreuen. Nochmals alles schwenken. Beiseitestellen und warm halten.

Die fertig gegarten Rote-Bete-Scheiben aus dem Sud nehmen. Diesen in ein anderes Gefäß füllen. Den Zucker in die Pfanne geben und bei niedriger Temperatur langsam karamellisieren lassen. Achtgeben, dass nichts anbrennt. Mit dem Balsamico-Essig ablöschen und alles sanft einkochen lassen. Jetzt ein Fünftel des restlichen Rote-Bete-Suds dazugeben, gemeinsam aufkochen. Die Dattelwürfel ebenfalls dazugeben und alles köcheln lassen, bis die Sauce leicht eindickt. Mit ganz wenig Salz abschmecken.

Die Rote-Bete-Scheiben mit den Kartoffel- und Apfelscheiben auf einem Teller zu Türmchen schichten und die Sauce darüber träufeln. Alternativ die Scheiben fächerartig schichten und die Sauce darüber verteilen. Mit Fenchelsamen und etwas Meersalz bestreut servieren.

FLEXIBLE ZUTATEN
Kartoffeln › Topinambur, Süßkartoffeln
Apfel › fester Pfirsich

WÜRZIGE
PILZKNÖDEL MIT
BIERBIRNEN

300 g altbackenes Vollkorn-
oder Urdinkelbrot
1–2 Knoblauchzehen, geschält
1 mittelgroße Zwiebel, geschält
75 g Shiitakepilze
75 g Pfifferlinge
4 Stängel frische Petersilie
300 ml Soja- oder Cashewdrink
1 EL Kokosöl
2 TL getrockneter Rosmarin
Meersalz
frisch gemahlener
schwarzer Pfeffer
frisch geriebene Muskatnuss
1–2 EL Dinkelmehl
1 Handvoll geröstete und
gesalzene Pistazienkerne,
plus etwas mehr
zum Garnieren
½ EL Maisstärke
1 EL Senf

FÜR DIE BIRNEN
2 kleine Birnen
(etwa Williams Christ)
400–600 ml helles Lagerbier
oder Pale Ale
300 ml Preiselbeersaft
2 Nelken
2 Sternanis
1 Zimtstange
3 Wacholderbeeren
3 Kardamomkapseln
4–5 TL Vollrohrrohzucker

Das Brot mit Rinde in grobe Würfel schneiden oder brechen und in eine Schüssel geben. Den Knoblauch ganz fein hacken. Die Zwiebel halbieren und fein hacken. Die geputzten Pilze in kleine Stücke schneiden. Die Petersilienblätter abzupfen und grob hacken. Den Sojadrink zum Brot geben. Alles gut vermischen und etwa 15 Minuten einweichen lassen. Das Brot sollte den Sojadrink vollständig aufsaugen.

Die Zwiebel und den Knoblauch in heißem Kokosöl 4–5 Minuten dünsten, leicht bräunen. Die Pilze mitdünsten. Petersilie und getrockneten Rosmarin hinzufügen, mit Salz, Pfeffer und Muskatnuss abschmecken. Auf einem Teller kurz ausdampfen lassen. Die gedünsteten Pilze nun zum eingeweichten Brot geben. Dinkelmehl, Pistazienkerne, Maisstärke und den Senf hinzufügen. Mit Salz, Pfeffer und Muskatnuss abschmecken, dann alles gründlich vermischen. Falls die Masse noch zu flüssig ist, etwas mehr Mehl dazugeben. Wenn sie zu trocken ist, etwas mehr Flüssigkeit hinzufügen. Dann die Knödelmasse beiseitestellen.

Leicht gesalzenes Wasser für die Knödel zum Sieden bringen. Inzwischen die Birnen schälen, dabei den Stiel nicht entfernen. Bier, Preiselbeersaft, Gewürze und den Zucker in einen Topf geben. Die Orange mit heißem Wasser abspülen und die Schale in den Sud reiben. Den Saft der Orange dazupressen. Den Sud zum Kochen bringen und die Birnen darin weich köcheln lassen.

Aus der Knödelmasse mit der Hand Knödel (Durchmesser 5–6 cm) formen. Diese im siedenden Wasser in 10–15 Minuten gar ziehen lassen. Die Knödel sollten an die Oberfläche schwimmen.

Die weich gegarten Birnen abgießen, vom Sud etwa ein Fünftel auffangen. Diesen Rest nochmals aufkochen. Eventuell noch Zucker dazugeben, der Sud sollte süß schmecken. Einkochen lassen und, wenn nötig, mit etwas Mais- oder Kartoffelstärke abbinden.

Die fertig gegarten Knödel gemeinsam mit den Birnen auf Tellern anrichten. Mit Sud beträufeln und mit Pistazienkernen bestreut servieren. Nach Belieben Zimtstangen als Dekoration verwenden.

1 unbehandelte Orange
etwas Vollrohrrohzucker
etwas Mais- oder
Kartoffelstärke
Zimtstangen nach Belieben

LINKE & RECHTE SEITE /
*Aoraki (Mount Cook) ist mit
3724 Metern der höchste
Berg der Neuseeländischen
Alpen. Wir fühlten uns
fast wie zu Hause.*

MEXIKANISCHER SALAT MIT LIMETTEN-TEQUILA-DRESSING

1 kleine rote Zwiebel, geschält
1 kleine reife Mango
1 frischer Maiskolben
(oder 200 g Mais aus der Dose)
1 kleine rote Paprikaschote
1 kleine grüne Paprikaschote
1 kleiner süßer Apfel
6 Datteltomaten
4 Stängel frischer Koriander
100 g Salatgurke
100 g Bio-Kidneybohnen,
gekocht aus der Dose

FÜR DAS DRESSING

Saft von 3 Limetten
2 EL Erdnussbutter
6 EL Sonnenblumen- oder
Erdnussöl
1 TL Chilipaste (oder Sambal
Oelek, Harissapaste)
4–5 EL hochwertiger Tequila
2 EL Agavendicksaft oder
(nicht vegan) Honig
Meersalz
frisch gemahlener
schwarzer Pfeffer
2 weiche Avocados
Saft von 1 Limette
Meersalz
frisch gemahlener
schwarzer Pfeffer
⅓ TL Koriandersamen,
zerdrückt
½ Handvoll gesalzene Cashewkerne, grob gehackt

Die rote Zwiebel halbieren und in feine Streifen schneiden. Die Mango schälen, das Fruchtfleisch vom Stein schneiden und in kleine Würfel schneiden. Den Maiskolben schälen, in der Hälfte von Hand brechen und die Körner mit einem Messer herunterschneiden. Dosenmais abgießen und abspülen. Die Paprikaschoten von Samen und Trennwänden befreien, vierteln und in 2–3 cm lange Streifen schneiden. Den Apfel vierteln, vom Kerngehäuse befreien und ebenfalls in kleine Würfel schneiden. Die Datteltomaten halbieren, vom Stielansatz befreien. Den Koriander samt Stiel grob hacken. Die Gurke der Länge nach halbieren, vierteln und schräg in dünne Scheiben schneiden. Alles in einer Schüssel vermengen. Die Kidneybohnen abgießen und mit kaltem Wasser waschen, abtropfen lassen und dann zum Salat geben.

Für das Dressing Limettensaft, Erdnussbutter, Öl, Chilipaste, Tequila, Agavendicksaft, Salz und Pfeffer mit einem Rührbesen oder einer Gabel gut vermischen. Das Dressing zum Salat geben, alles gut vermischen und mindestens 15 Minuten ziehen lassen. Zwischendurch gelegentlich umrühren.

Die Avocados halbieren, das Fruchtfleisch mit einem Löffel aus der Schale lösen und in grobe Würfel schneiden. Den Limettensaft zur Avocado geben. Mit einer Gabel zu einer geschmeidigen Creme verarbeiten, mit Salz und Pfeffer sowie den zerdrückten Koriandersamen abschmecken.

Den Salat auf Tellern aufgehäuft anrichten. Mit frisch gemahlenem schwarzen Pfeffer und Cashewkernen bestreuen. Die Avocadocreme obenauf zu dem Salat servieren. Nach Belieben mit Brot oder salzigen Tortillachips servieren.

FLEXIBLE ZUTATEN
Tequila › Rum
Mango › Papaya, Kaki
Apfel › Birne, Pfirsich, Aprikosen, Nektarinen, Pflaumen

MAGISCHE MOMENTE

LINKE SEITE / *Selbstironisch riefen wir einander jeweils laut »iruuuume, usruuuume, iruuuume, usruuuume« (einräumen, ausräumen, ein...) zu, wenn wir mal wieder unser Zeug in oder aus dem Kofferraum räumen mussten.*

UNTEN / *Den größten Teil der gesamten Strecke saß Iwan am Steuer des Land Rovers. Auf unbefestigten Straßen war uns allen ein bisschen mulmig. Nicht (unbedingt) wegen Iwans Fahrstil, wir hatten einfach Respekt davor, irgendwo stecken zu bleiben.*

Knallbunte und knackig-frische Früchte türmen sich in den Auslagen. Der Duft von frischen Frühlingszwiebeln liegt in der Luft. Wir kurven ausgelassen mit unserem voll beladenen Einkaufswagen durch den Supermarkt. Iwan stößt sich wie ein kleiner Junge immer wieder vom Boden ab und gleitet auf dem Wagen durch die Gänge. Essen macht uns einfach glücklich. Yves studiert währenddessen die provisorisch notierten Rezepte: »So, das sollte für die nächsten Tage reichen.« Trotz schlechter Wettervorhersage wollen wir zum abgelegenen Farewell Spit, einer Landzunge im Norden der Südhalbinsel, fahren.

Auf dem Parkplatz versuchen wir, unseren Einkauf in die Lücken des bereits überfüllten Land Rovers zu stopfen. »Irgendetwas müssen wir hierlassen«, rätselt Yves. Er nimmt aus der Not heraus den prall gefüllten Müllsack aus dem Kofferraum und drückt ihn in den Abfalleimer beim Supermarkteingang. Die Öffnung ist viel zu klein, der Sack quillt noch zur Hälfte raus. Grimmig schaut ein Angestellter des

Supermarkts zu; das ist wohl nicht ganz okay …
»Komm, Yves, wir gehen!« Iwan ist die Situation etwas unangenehm, er steckt den Schlüssel in die Zündung.

Wir verlassen Motueka südlich des Abel-Tasman-Nationalpark; vor uns liegt eine lange Passfahrt. Die Straße wird immer kurviger und steiler. An üppigen Wäldern vorbei schweift unser Blick immer wieder in die Ferne. »Ihr müsst immer geradeaus auf die Straße schauen, sonst wird euch schlecht«, erklärt uns Yves. Mit kreidebleichen Gesichtern erreichen wir schließlich die Passhöhe. Erleichtert atmen wir auf, nur Yves wirkt nervös: »Wo ist meine Rezeptmappe?« Iwan blickt zum kleinen Schlitz zwischen Beifahrersitz und Mittelkonsole, wo sie normalerweise liegt. Doch da ist sie nicht. Yves schaut Iwan verzweifelt an, viele der Rezepte haben wir noch nicht digitalisiert. Wir stellen das Auto auf den Kopf. »Vielleicht ist sie noch im Supermarkt«, hofft Yves und ruft gleich an. Yves' Gesicht glättet sich erleichtert: »Sie haben die Mappe!« Weil es so schön war: wieder den Berg runter. Bereits der Gedanke daran bereitet uns Übelkeit. Eine gefühlte Ewigkeit später rollen wir auf den Parkplatz vor dem Supermarkt und holen die Mappe.

Farewell Spit, die Zweite. Auf der Bergstraße stoppen wir für eine Pause an der Buschtoilette. Zurück beim Land Rover dreht Iwan am Schlüssel. Doch das Auto bleibt still. Überrascht probiert er es erneut, doch nichts rührt sich. Der Wagen will nicht anspringen. Schlechtes Karma von unserer Mülltütenaktion beim Supermarkt? »Heute kommen wir wohl nirgends hin«, meint jedenfalls Iwan und holt sein Handy hervor, »in 30 bis 60 Minuten kommt jemand von der Pannenhilfe.« Wir überbrücken die Zeit mit einem

Rechte Seite oben / *Manchmal beschleunigte Iwan extra noch ein bisschen vor einer dicken Schlammpfütze. »Dem Auto soll man schließlich unser Abenteuer ansehen«, meinte er lachend.*

Rechte Seite unten / *»Gehen wir baden?«, rief uns Yves hier vom Felsen gegenüber zu. Pascale schauderte schon bei dem Gedanken: »Ja und ob, und du gehst vor!«*

»Quick and Dirty«, unser sogenanntes Mittagessen, meistens bestehend aus Brot, Gemüse und einer Packung Chips. Manchmal auch zwei. Heute schlägt aber niemand richtig zu, die Passstraße liegt – einmal mehr – vor uns.

Die Pannenhilfe kommt tatsächlich 40 Minuten später. Der Regen hatte schon eingesetzt, es wurde langsam ungemütlich am Straßenrand. Ein kleiner dunkelhaariger Mechaniker steigt aus dem Auto und lächelt uns entgegen. Wir erklären ihm die Situation und reichen ihm den Autoschlüssel. Er setzt sich ins Auto, steckt den Schlüssel ins Schloss und dreht ihn um. Das Auto springt sofort an. Er blickt uns fragend an, lächelt kurz und meint: »I have the magic touch.« Gut zu wissen, dass auch ein bisschen Magie uns begleitet …

QUINOABRATLINGE MIT TOMATEN-MAIS-SALAT

100–150 g Quinoamischung
(hell, rot, dunkel)
60 g Instant-Polenta,
nach Belieben
150 g Süßkartoffeln
1 kleine rote Zwiebel, geschält
1 Knoblauchzehe, geschält
½ Handvoll frischer Estragon
½ Handvoll frische Petersilie
1 TL grober Senf
1 TL Harissapaste oder
Sambal Oelek
1 Prise frisch geriebene
Muskatnuss
1–2 EL Maisstärke
1–2 EL Dinkelmehl
2 EL Kokosöl
Meersalz
frisch gemahlener
schwarzer Pfeffer

FÜR DEN TOMATEN-
MAIS-SALAT

1 Maiskolben
(oder Mais aus der Dose)
2 EL Kapern
12 Kirschtomaten
6 getrocknete Tomaten
5–6 Stängel frisches Basilikum
½ Granatapfel
3–4 EL heller Balsamico-Essig
4 EL Olivenöl
Meersalz
frisch gemahlener
schwarzer Pfeffer

Die Quinoa mit der Polenta in leicht gesalzenem Wasser kochen, bis die Quinoakörner aufquellen.

Die Süßkartoffeln schälen und grob raspeln. Die Zwiebel halbieren, fein hacken und zu den Süßkartoffeln geben. Den Knoblauch ganz fein hacken oder mit einer Knoblauchpresse zu den Süßkartoffeln pressen. Die Estragon- und Petersilienblätter abzupfen, grob hacken und zu den Süßkartoffeln geben. Senf, Harissapaste sowie Muskatnuss mit den Süßkartoffeln vermischen. Die fertig gegarte Quinoa und Polenta abgießen, kurz ausdampfen lassen und untermischen. Maisstärke, Dinkelmehl und 1 EL Kokosöl hinzufügen, mit Salz und Pfeffer abschmecken und alles gut vermischen, bis eine etwas klebrige Masse entsteht.

Den frischen Mais in der Hälfte von Hand brechen und die Maiskörner mit einem Messer von oben nach unten herunterschneiden. Dosenmais abgießen und abspülen. Die Kapern mit dem Mais vermischen. Die Kirschtomaten halbieren und zum Salat geben. Die getrockneten Tomaten in dünne Streifen schneiden. Tomaten aus dem Glas in Öl zuvor abtropfen lassen. Die Basilikumblätter abzupfen und fein hacken. Die Samen aus dem Granatapfel lösen und zum Salat geben. Den Balsamico-Essig und das Olivenöl hinzufügen, alles gut miteinander vermischen. Mit Salz und Pfeffer abschmecken, 10 Minuten ziehen lassen.

Inzwischen jeweils 2 große EL von der Quinoa-Polenta-Masse pro Bratling in heißes Kokosöl geben, leicht flach drücken und jeweils auf beiden Seiten goldbraun ausbacken.

Die Bratlinge gemeinsam mit dem Salat servieren. Dazu in einer separaten Schale Oliven- oder Limonenöl servieren, mit Meersalz bestreuen.

FLEXIBLE ZUTATEN
Quinoa › rote Linsen, andere bohnenartige Hülsenfrüchte
(jeweils 8–12 Stunden einweichen, nach Packungsangabe garen)
Mais › frische blanchierte Erbsen oder Edamame
getrocknete Tomaten › Oliven

KICHERERBSEN-BETE-TURM IM FLADENBROT MIT FRUCHTTOPPING

FÜR DAS FLADENBROT
15–20 g frische Hefe
100 g Roggenmehl
*200 g Dinkel- oder Weizen-
vollkornmehl*
300 ml lauwarmes Wasser
1 TL getrockneter Rosmarin
Meersalz
3–4 EL Kokosöl

FÜR DIE BRATLINGE
*300 g Bio-Kichererbsen,
gekocht aus der Dose*
1 kleine rote Zwiebel, geschält
1 Knoblauchzehe, geschält
3 Stängel frischer Majoran
*3 Stängel frischer Thymian,
plus Blätter zum Garnieren*
150–200 g Rote Bete
*1 TL Ras el-Hanout
(Gewürzmischung)*
1 TL Paprikapulver edelsüß
3 EL Sonnenblumenöl
*1–2 EL Kichererbsen- oder
Dinkelmehl*
Saft von ½ Limette
*frisch gemahlener
schwarzer Pfeffer*
frisch geriebene Muskatnuss
2 EL Kokosöl

Für den Brotteig die frische Hefe in etwas lauwarmem Wasser gemeinsam mit 1 EL Mehl vermischen. Die Mehle, das restliche lauwarme Wasser, getrockneten Rosmarin und etwas Salz hinzugeben. Alles von Hand zu einem geschmeidigen Teig verarbeiten. Eventuell etwas mehr Wasser oder Mehl hinzugeben. Den Teig mit einem Tuch abdecken und mindestens 45 Minuten gehen lassen, er sollte sein Volumen um etwa ein Drittel vergrößern.

Für die Bratlinge die Kichererbsen abgießen, kurz mit kaltem Wasser abspülen und mit einer Gabel oder einem Stampfer zerstampfen. Die Zwiebel halbieren, ganz fein hacken und zu den Kichererbsen geben. Den Knoblauch dazupressen oder mit dem Messer sehr fein hacken. Majoran- und Thymianblätter abzupfen, grob hacken und zu den Kichererbsen geben. Die Rote Bete schälen und grob raspeln, zu den Kichererbsen geben. Ras el-Hanout, Paprikapulver, Sonnenblumenöl, Mehl, Limettensaft, Salz, Pfeffer und etwas Muskatnuss hinzufügen. Alles mit der Hand gut durchkneten, dann beiseitestellen.

Für das Fruchttopping die Papaya schälen, halbieren, von Kernen befreien und in 5 mm dünne Scheiben schneiden. Die Mango schälen, das Fruchtfleisch vom Stein schneiden und in möglichst feine Würfel schneiden. Die Schalotte schälen und fein hacken. Die Basilikumblätter abzupfen und grob hacken. Papaya, Mango, Schalotten, Mandelmus, Basilikum, Rapsöl, Tamarisauce, Salz und Muskatnuss vermischen und beiseitestellen. Das Fruchtfleisch der Avocado mit einem Löffel aus der Schale lösen und in dünne Scheiben schneiden.

Mit der Hand aus der Kichererbsenmasse flache Bratlinge (etwa 5 cm Durchmesser, maximal 1,5 cm dick) formen und in heißem Kokosöl von beiden Seiten goldbraun ausbacken, eventuell portionsweise arbeiten.

Inzwischen den Brotteig auf einer bemehlten Arbeitsfläche in gleich große Fladen formen und mit einem Wellholz oder einer Flasche auswellen. Bei niedriger Temperatur in heißem Kokosöl, bei geschlossenem Deckel (falls vorhanden), langsam auf beiden Seiten goldbraun ausbacken. Eventuell etwas mehr Kokosöl dazugeben und portionsweise arbeiten.

FÜR DAS
FRUCHTTOPPING

1 kleine reife Papaya
1 reife Mango
1 Schalotte, geschält
2 Stängel frisches Basilikum,
plus Blätter zum Garnieren
2 EL Mandelmus
2 EL Rapsöl
2 EL Tamari- oder Sojasauce
½ Avocado
Meersalz
frisch geriebene Muskatnuss

Aus Fladenbrot, Bratlingen, Avocadoscheiben und etwas Frucht-topping einen Turm schichten oder alles separat nebeneinander anrichten. Restliche Sauce dazu reichen, mit Basilikum- und Thymianblättern bestreut und weiteren Avocadoscheiben dazu servieren.

FLEXIBLE ZUTATEN

Roggenmehl › Vollkorndinkelmehl
Kichererbsen › Schwarze, Weiße oder Rote Bohnen aus der Dose
Mango › Litschis, Ananas, reife süßliche Tomaten, von Samen befreit
Tamarisauce › Sojasauce
Mandelmus › Erdnussbutter, Nusscreme nach Wahl
frische Hefe › weglassen (Brot wird weniger fluffig,
längere Gehzeit einplanen)

LINKE & RECHTE SEITE /
»Ist es noch weit?«, fragte ich
Yves nach ein paar Stun-
den Wanderung durch den
Abel-Tasman-Nationalpark.
Die Idylle täuscht, die dreiste
Möwe im Hintergrund ver-
suchte dauernd einen Happen
von unserem Sandwich
abzukriegen.

SÜSSSAURER NUDELTOPF
MIT GEMÜSE UND
FRISCHEM TOPPING

½ Zwiebel, geschält
2 Knoblauchzehen, geschält
½ Knolle Fenchel
1 Karotte
⅓ Kopf Blumenkohl
1 kleine frische rote Chilischote
1 Stück (2 cm) frischer Ingwer,
geschält
½ gelbe Paprikaschote
2 Tomaten
1 TL Koriandersamen
½ frischer Maiskolben (oder
100 g Mais aus der Dose)
250–300 g Seitan oder Tofu
1 EL Kokosöl
3 EL Tomatenmark
2 TL Misopaste
1 EL Currypulver
2 Sternanis
200 ml Reisessig
Saft von 1 Limette
1–2 EL Sojasauce
2–3 EL Vollrohrrohzucker
200–250 g Udon- oder
Sobanudeln
Meersalz
frisch gemahlener
schwarzer Pfeffer

FÜR DAS TOPPING
1 Frühlingszwiebel
2 frische rote Chilischoten
1 unbehandelte Limette

Die Zwiebel und den Knoblauch halbieren, beides in kleine Würfel schneiden. Den Fenchel vom Strunk befreien und die Knolle in Streifen schneiden. Die Karotte schälen, der Länge nach vierteln und in 1 cm dicke Scheiben schneiden. Den Blumenkohl in Röschen brechen.

Die Chilischote in feine Scheiben schneiden. Den Ingwer in feine Streifen schneiden. Die Paprikaschote in 1 cm große Würfel schneiden. Die Tomaten vom Stielansatz befreien und in grobe Würfel schneiden. Den frischen Maiskolben schälen, in der Hälfte von Hand brechen und die Körner mit einem Messer herunterschneiden. Dosenmais abgießen und abspülen. Den Seitan in kleine Stücke schneiden oder brechen.

Am besten mit einem großen Topf oder Wok arbeiten. Zwiebeln, Knoblauch, Ingwer und die Koriandersamen im Kokosöl 4–5 Minuten dünsten. Fenchel, Karotte, Chili, Tomaten, Blumenkohl, Paprikaschote, Maiskörner und den Seitan dazugeben, 5 Minuten mitdünsten. Tomatenmark, Misopaste, Currypulver und Sternanis dazugeben und bei höherer Temperatur 1–2 Minuten rösten. Mit dem Reisessig ablöschen und etwas einkochen lassen. Limettensaft, Sojasauce und den Zucker dazugeben, alles kurz einkochen lassen. So viel Wasser angießen, dass das Gemüse bedeckt ist, und sanft köcheln lassen, bis das Gemüse bissfest ist. Eventuell etwas mehr Wasser dazugeben.

Nun die Nudeln dazugeben und den Eintopf weitere 8 Minuten (siehe Packungsangabe) köcheln lassen, bis die Nudeln weich sind. Mit Salz und Pfeffer abschmecken, nach Bedarf noch etwas mehr Limettensaft hinzugeben.

Für das Topping die Frühlingszwiebel in feine Röllchen schneiden. Die Chilischoten nach Belieben im Ganzen lassen, sonst in feine Ringe schneiden. Die Limette in kleine Spalten schneiden. Mit Limettenspalten, Frühlingszwiebelröllchen und Chilischote garniert servieren.

FLEXIBLE ZUTATEN
Gemüse › je nach Saison, nur Aubergine ist nicht empfehlenswert,
da sie zu viel Sauce aufsaugt
Seitan › Tofu oder Tempeh
Udon-/Sobanudeln › Mienudeln oder klassische Glasnudeln

GRÜNER SPARGEL IM BIERTEIG
MIT GURKEN-PFLAUMEN-SALAT
UND TOMATENSALSA

FÜR DIE SALSA

1 Schalotte, geschält
2 Knoblauchzehen, geschält
1 rote Paprikaschote
3 Tomaten
2 Stängel frische Minze,
plus etwas mehr
zum Garnieren
1 EL Kokosöl
2 EL Tomatenmark
100 ml trüber Apfelessig
50–100 ml Gemüsebrühe
1 Nelke
1 Lorbeerblatt
1–2 EL Vollrohrrohzucker
Meersalz
frisch gemahlener
schwarzer Pfeffer
frisch geriebene Muskatnuss
Chilipulver

FÜR DEN SPARGEL
IM BIERTEIG

250 g Bio-Dinkelmehl
1 TL Backpulver
etwa 300 ml helles mildes Bier
oder Hefeweizenbier
1–2 EL Maisstärke
1 EL getrockneter Thymian,
plus etwas mehr
zum Garnieren
1–2 EL Vollrohrrohzucker
Meersalz
frisch geriebene Muskatnuss
5–6 Stangen grüner Spargel

Die Schalotte halbieren und in feine Würfel schneiden. Den Knoblauch mit der flachen Messerklinge zerdrücken und fein hacken. Die Paprikaschote von Samen und Trennwänden befreien, in möglichst kleine Würfel schneiden. Die Tomaten vom Stielansatz befreien und in grobe Würfel schneiden. Die Minzeblätter abzupfen und grob hacken.

Die Schalotte und den Knoblauch in heißem Kokosöl glasig dünsten. Die Paprikawürfel 3–4 Minuten mitdünsten. Die Tomatenwürfel dazugeben, alles weitere 2–3 Minuten dünsten. Das Tomatenmark hinzufügen und bei etwas höherer Temperatur rösten. Mit dem Apfelessig ablöschen und sanft einkochen lassen.

Ist die Flüssigkeit verkocht, das Ganze mit Gemüsebrühe aufgießen. Nelke, Lorbeerblatt und den Zucker dazugeben, alles mit Salz und Pfeffer abschmecken. Zugedeckt bei niedriger Temperatur 15–20 Minuten köcheln lassen. Gelegentlich umrühren und eventuell etwas mehr Gemüsebrühe dazugeben. Die Salsa sollte leicht dickflüssig sein. Zum Schluss kräftig mit Salz, Pfeffer, Muskatnuss und Chilipulver abschmecken. Kurz vor dem Servieren die Minzeblätter dazugeben.

Inzwischen für den Bierteig Dinkelmehl, Backpulver, Bier, Maisstärke, getrockneten Thymian sowie den Zucker mit einem Rührbesen klümpchenfrei verrühren. Der Teig sollte leicht dickflüssig sein. Eventuell etwas mehr Bier oder Mehl dazugeben. Mit Salz und Muskatnuss leicht abschmecken und beiseitestellen. Die Spargelstangen unten kappen, das untere Drittel mit einem Sparschäler schälen und dann, wenn nötig, die Spargelstangen dritteln.

Nun die Gurke halbieren, von Kernen befreien und in dünne Scheiben schneiden. Die Pflaumen entsteinen und in Spalten schneiden. Mit Sesamöl, Sesamsamen und Reisessig in einer Schüssel gründlich vermischen. Mit Salz und wenig Pfeffer abschmecken, etwas ziehen lassen.

Die Spargelstücke durch den Teig ziehen und sofort in heißes Kokosöl legen. Langsam bei mittlerer Temperatur rundherum goldbraun ausbacken.

Den Salat in kleinen Häufchen auf Teller geben, darauf die Spargelstangen legen. Mit der Salsa beträufeln. Mit Salz, Pfeffer, getrocknetem Thymian und mit Minzeblättern bestreut servieren.

FÜR DEN SALAT

⅓ Salatgurke
3 Pflaumen
3 EL Sesamöl
1–2 EL Sesamsamen
1–2 EL Reisessig
Meersalz
frisch gemahlener
schwarzer Pfeffer
2–3 EL Kokosöl

FLEXIBLE ZUTATEN

grüner Spargel › weißer Spargel, komplett und gründlich geschält,
Zuckerschoten, nach Belieben blanchiert oder in
feine Streifen geschnitten, Blumenkohl- oder Brokkoliröschen, gegart
Pflaumen › Aprikosen, Pfirsiche, Kirschen, Nektarinen,
Blaubeeren, Erdbeeren, Himbeeren, Maulbeeren
Salatgurke › Kohlrabi, Radieschen, Fenchel, Stangensellerie,
jeweils dünn gehobelt oder sehr fein geschnitten

LINKE & RECHTE SEITE /
*Wer auf der Südinsel im Meer
schwimmen oder surfen
möchte, der muss sich auf raue
und kalte Gewässer gefasst
machen.*

FEURIGES UND CREMIGES KARTOFFELCURRY

350 g festkochende Kartoffeln
350 g weichkochende Kartoffeln
2 Knoblauchzehen, geschält
1 große Zwiebel, geschält
2 Stängel frischer Dill
4–5 große Tomaten
1 EL Kokosöl
3 Kardamomkapseln
1 TL Fenchelsamen
2 TL Kreuzkümmelsamen, zerdrückt
1 TL Koriandersamen, zerdrückt
1 Sternanis
2 TL Paprikapulver edelsüß
1 TL Currypulver
1 TL Kurkumapulver
1 TL getrocknete Chiliflocken
3–4 EL Tomatenmark
1 TL Meersalz
1 Stange Zitronengras
2 Kaffirlimettenblätter
100 ml Sojadrink
frisch gemahlener schwarzer Pfeffer
frisch geriebene Muskatnuss
½ Handvoll Cashewkerne
½ Handvoll gesalzene Erdnusskerne

Die Kartoffeln schälen und in 2 cm große Würfel schneiden. Den Knoblauch mit der flachen Messerklinge zerdrücken. Die Zwiebel halbieren und in grobe Würfel schneiden. Den Dill abzupfen und grob hacken. Die Tomaten vom Stielansatz befreien, halbieren und in grobe Würfel schneiden.

Die Zwiebel und den Knoblauch in heißem Kokosöl andünsten, leicht bräunen. Kardamomkapseln, Fenchel-, Kreuzkümmel- und Koriandersamen sowie den Sternanis 2–3 Minuten mitdünsten. Die Kartoffeln 2–3 Minuten mitdünsten. Paprika-, Curry- und Kurkumapulver sowie Chiliflocken und Tomatenmark dazugeben. Dann alles 1–2 Minuten bei erhöhter Temperatur rösten. Achtgeben, dass nichts anbrennt. Die Tomatenwürfel hinzufügen und 1–2 Minuten schwenken. Mit 800 ml Wasser oder Gemüsebrühe aufgießen und ½ TL Salz hinzugeben.

Das Zitronengras mit dem Messerrücken zerdrücken. Die Kaffirlimettenblätter leicht einreißen und gemeinsam mit dem Zitronengras dazugeben. Alles köcheln lassen, bis die festkochenden Kartoffeln weich und die weichkochenden Kartoffeln zerfallen sind. Die Sauce sollte jetzt durch die Kartoffelstärke leicht gebunden sein.

Den Sojadrink hinzugeben, nochmals aufkochen und mit ½ TL Salz, Pfeffer und Muskatnuss abschmecken. Zum Schluss den gehackten Dill dazugeben, alles gut vermischen. Die Cashew- und Erdnusskerne grob hacken und über das Curry streuen. Nach Belieben für mehr Schärfe mit mehr Chiliflocken würzen.

FLEXIBLE ZUTATEN
Kartoffeln › Süßkartoffeln, Topinambur, Kürbis
Zitronengras › frischer Galgant oder Ingwer

SÜSSKARTOFFELN MIT WASSERMELONEN-AUBERGINEN-TOPPING UND DIP

2 große Süßkartoffeln
Meersalz

FÜR DEN DIP

1 Knoblauchzehe, geschält
250 g Kokos- oder Sojajoghurt
½ rote Paprikaschote
2–3 EL Tahini (Sesampaste)
½ Handvoll Mandeln
1 Bund Schnittlauch
1–2 TL Paprikapulver edelsüß
Meersalz
frisch gemahlener schwarzer
Pfeffer
Limettensaft

FÜR DAS TOPPING

1 rote Zwiebel, geschält
1 Stück (2 cm) frischer Ingwer
1 Aubergine
½ Kochbanane
(nach Belieben)
150–200 g Wassermelone
2–3 Zweige frischer Rosmarin
oder Thymian
1 TL Misopaste
1 EL Kokosöl
1–2 TL Kreuzkümmelsamen,
zerdrückt
1 Handvoll geröstete und
gesalzene Cashewkerne
Meersalz

Die Süßkartoffeln waschen, putzen und jeweils 2–3 kleine Stiche mit einem spitzen Messer stechen. Die unzerteilten Süßkartoffeln in leicht siedendem gesalzenem Wasser zugedeckt gar köcheln lassen. Achtung, das Wasser darf nicht zu stark kochen, da sonst die Schale der Süßkartoffeln aufplatzt.

Inzwischen die Knoblauchzehen zu dem Joghurt pressen oder ganz fein hacken. Die Paprikaschote in möglichst feine Würfelchen schneiden und gemeinsam mit der Tahini dazugeben. Die Mandeln grob hacken und in den Joghurt rühren. Den Schnittlauch in feine Röllchen schneiden und mit dem Paprikapulver zum Kokosjogurt geben. Alles gut vermischen und mit Salz, Pfeffer und etwas Limettensaft abschmecken.

Für das Topping die Zwiebel halbieren und in grobe Würfel schneiden. Den Ingwer in ganz feine Streifen schneiden. Die Aubergine in kleine Würfel schneiden. Die Kochbanane schälen und ebenfalls in kleine Würfel schneiden. Die Wassermelone schälen und in kleine Würfel schneiden. Falls die Melone viele Kerne hat, diese nach Belieben entfernen. (Melonenkerne enthalten einen sehr hohen Mineralstoffgehalt und sind daher sehr gesund; sie sind essbar.) Die Rosmarinnadeln oder die Thymianblätter abzupfen, grob hacken.

Die Zwiebel und den Ingwer in heißem Kokosöl 3–4 Minuten dünsten. Die Kreuzkümmelsamen 2–3 Minuten mitdünsten. Nun die Aubergine und Kochbanane dazugeben und alles bei mittlerer Temperatur 5–6 Minuten dünsten. Die Misopaste 1–2 Minuten unter Rühren mitdünsten. Nun die Wassermelone dazugeben und alles einige Minuten schwenken. Eventuell etwas Wasser hinzufügen, alles sanft einkochen lassen. Wenn die Auberginen und Kochbananen gar sind, den Rosmarin oder Thymian sowie die Cashewkerne hinzufügen, nochmals kurz schwenken. Mit Salz, Pfeffer und etwas Muskatnuss abschmecken.

Die fertig gegarten Süßkartoffeln aus dem Wasser nehmen, kurz ausdampfen lassen und mit einem Messer der Länge nach einschneiden. Die Süßkartoffeln mit einem Küchentuch an beiden

frisch gemahlener
schwarzer Pfeffer
frisch geriebene Muskatnuss

ZUM GARNIEREN
½ rote Paprikaschote
1 Handvoll Cashewkerne
Meersalz

Seiten anfassen und vorsichtig zusammendrücken, bis das Innere der Süßkartoffeln nach oben ausbricht. Die Paprikaschote von Samen und Trennwänden befreien, in sehr dünne Ringe schneiden. Die Süßkartoffeln auf Teller legen, das Melonentopping und die Paprikaringe darüber anrichten. Mit Cashewkernen und Meersalz bestreuen, den Tahini-Kokos-Dip dazu servieren.

FLEXIBLE ZUTATEN
Wassermelone › Apfelstücke
Süßkartoffeln › Ofenkartoffeln
Aubergine › Zucchini
Cashewkerne › Nusskerne nach Wahl
Tahini › Nuss-/Samenpasten nach Wahl

SÜSSKARTOFFELN VOM GRILL

2 große Süßkartoffeln
2 EL Kokosöl
3 Stängel frischer Oregano
4 Stängel frischer Thymian
Meersalz
frisch gemahlener
schwarzer Pfeffer
frisch geriebene Muskatnuss
je 1 Rezeptmenge
Wassermelonen-Auberginen-
Topping und Dip

Einen Grill heizen.

Die Süßkartoffeln gründlich waschen, abbürsten und mit einem spitzen Messer mehrmals rundherum einstechen. Die Süßkartoffeln jeweils auf 1 Stück Alufolie legen und mit etwas Kokosöl einreiben. Die Kräuter samt Stiel grob hacken und über die Süßkartoffeln streuen. Mit grobem Meersalz, Pfeffer und Muskatnuss leicht bestreuen. Die Süßkartoffeln in der Alufolie verpacken.

Die Päckchen auf den Grill legen. Die Süßkartoffeln (à etwa 200 g) 40–50 Minuten backen. Die gegarten Süßkartoffeln vom Grill nehmen und die Folie zur Hälfte öffnen. Mit einem Messer die Süßkartoffeln der Länge nach einschneiden und mit einem Küchentuch an beiden Seiten anfassen. Die Süßkartoffeln so vorsichtig zusammendrücken, bis das Innere nach oben ausbricht. Auf Teller legen, das Wassermelonen-Auberginen-Topping darüber anrichten und den Tahini-Kokos-Dip dazu servieren.

FOODFOTOGRAFIE
OHNE
STUDIO

Yes, ein Kochbuch steht an! Mit vielen frischen Zutaten, vegan und mit frischen Aromen. Aber ganz »normal« zu Hause kochen und fotografieren? Wie langweilig! Wieso also nicht einen Geländewagen mieten und durch Neuseeland düsen, abseits der großen Highways. Und das Kochbuch? Einfach gleich unterwegs kreieren! Einfach reisen und einfach kochen, genau das machten wir!

Wir sind beide Minimalisten, zumindest was das Kochen angeht. So einfach wie möglich soll es gehen, ohne dabei Qualität, Frische und Geschmack zu opfern. Wir dürfen ehrlich sein: Es war nicht immer einfach, da draußen in der Wildnis zu kochen und zu fotografieren, ohne Windschutz und ohne Studioequipment. Vor allem nicht in Neuseeland, wo der Wind ständig weht und jede perfekt sitzende Frisur zerstört. Wir bauten also rund um den Gasherd Mauern aus Gepäck, um ihn vor dem Erlöschen zu bewahren. Oft wurden die Pfannen trotzdem nicht heiß genug. Falls es das Essen dann bis auf die Teller schaffte, pustete der Wind gleich die Garnitur in alle Himmelsrichtungen hinfort.

Aber wir ließen uns nicht beirren und machten einfach weiter. Zum Glück hatten wir vier zusätzliche Hände mit dabei, jeder musste ständig etwas festhalten. Doch es hat sich gelohnt. Wir fotografierten die Speisen oft während der Golden Hour, also kurz vor Sonnenuntergang, und kreierten so die wunderschönen Farben auf den Tellern. Die Reise (und die Mühe) hat sich definitiv gelohnt!

ZUTATENREGISTER

DANKE

Besonderer Dank geht an Daniela Küng und Pascale Widmer, die uns auf unserer Neuseelandreise begleitet und beim Kochbuchprojekt ordentlich unterstützt haben.

Danke fürs Planen, Reisen, Probieren, Schnippeln, Korrigieren, Einkaufen und für eure feinen Wraps, die ihr immer für uns zusammengestellt habt. Ohne euch wäre die Reise und letztlich auch das Kochbuch nur halb so viel wert. Wir sind so froh darüber, dass wir alle Erlebnisse mit euch teilen konnten. Obwohl wir nicht immer einfach waren und ihr auf einiges verzichten musstet, wart ihr immer an unserer Seite.

Danke für das tolle Erlebnis!
Iwan & Yves

Weitere Rezepte und Inspiration findet man auf dem Blog zweipfannen.com oder auf den sozialen Medien.
@zweipfannen #zweipfannen

Deutsche Originalausgabe
Copyright © 2019 von dem Knesebeck GmbH & Co. Verlag KG, München
Ein Unternehmen der La Martinière Groupe
Alle Fotografien in diesem Buch © Iwan Hediger & Yves Seeholzer
Texte © Zwei Pfannen mit Annika Genning | Illustrationen © Iwan Hediger

Projektleitung: Caroline Kaum, Knesebeck Verlag
Koordination: Daniel Hoch
Layoutkonzept, Satz, Covergestaltung: Leonore Höfer, Knesebeck Verlag
Lektorat: Annika Genning, Text-Genuss
Lithografie: Reproline-Mediateam, Unterföhring
Herstellung: Arnold & Domnick, Leipzig
Druck: PNB Print Ltd
Printed in Latvia
ISBN 978-3-95728-266-8
Alle Rechte vorbehalten, auch auszugsweise.
www.knesebeck-verlag.de

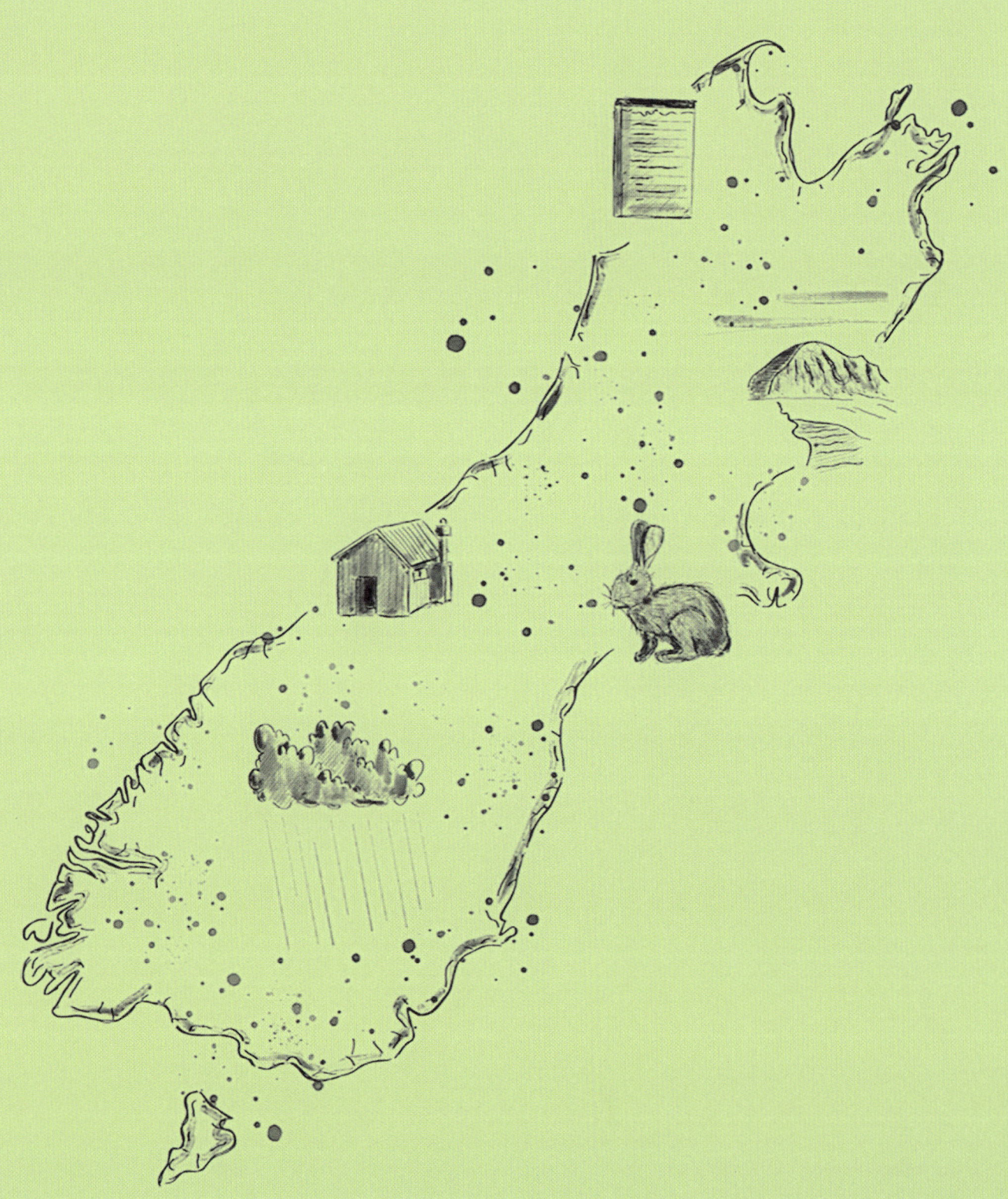